Las sociedades secretas más notorias del mundo de los masones, los Illuminati y los Rosacruces

By Charles River Editors

Escuadra y compás masones

Acerca de Charles River Editors

Charles River Editors proporciona servicios de edición y de escritura a toda la industria de la publicación digital, con su gran experiencia creando contenido digital para editores en una amplia gama de temas. Además de proporcionar contenido digital original para editores de terceros, también publicamos las mejores obras literarias de la civilización, llevándolas a las nuevas generaciones de lectores a través de libros electrónicos.

Regístrese aquí para recibir actualizaciones sobre nuestros libros gratuitos a medida que los vayamos publicando, y visite nuestra página de autor de Kindle para ver las promociones gratuitas del día y nuestros títulos más recientes.

Introducción

Sede de los Masones en Londres

Durante décadas, las parodias sobre los cultos siniestros y misteriosos han sido parte de los chistes favoritos de la cultura pop. Las fraternidades han sido ubicadas con frecuencia en ciertas guaridas subterráneas, vestidos con extravagantes hábitos ceremoniales y con la cara oculta por capuchas, sentados alrededor de una mesa larga llena de cálices horrendos, calaveras y brillantes tesoros tenebrosos. Desde un punto de vista más enfermizo, se pueden ver unas imágenes entrecortadas y destellantes de sangre, torturas y sacrificios.

Como en todo arte, la creatividad es desencadenada por una fuente de inspiración, y una de las musas más ampliamente reconocidas de esta clase de escenas no es otra que los masones. Esta antigua sociedad, descendiente de la antigua cultura de la albañilería, se cree que conoce las más profundas, oscuras e inexplicables verdades del universo. Supuestamente poseen poderes místicos—y aún mágicos—como nadie más. Pero, ¿tiene alguna validez esta estigmatización de la fraternidad o es que simplemente han sido terriblemente incomprendidos?

Como saben muchos, los masones han existido por siglos. El Renacimiento, que llegó a su máximo esplendor entre los siglos 14 y 16, vio un estallido de creatividad y de progreso en una variedad de formas de arte a través de Europa. El gremio de los albañiles experimentó cambios; los aprendices no se veían ya restringidos por el comercio. Una gran porción de esos aprendices eran artistas y librepensadores, pero seguían prometiendo adherencia a la tradicional cultura albañil. La nueva clase de albañiles se apartó de la albañilería "operativa" ortodoxa, y empezó a promover lo que se conoció como la albañilería "especulativa."

Como la mayoría de las leyendas, todavía se discuten hoy en día los orígenes de la Masonería. La más antigua mención de la sociedad se remonta al *Manuscrito Hallwell*, o *Poema Regio* que supuestamente fue escrito entre finales del siglo 14 y principios del 15. El manuscrito, en exquisita caligrafía y en inglés antiguo, tenía 64 páginas y 794 versos. Es considerado el primero de los tradicionales manuscritos masónicos y es generalmente aceptado como la "verdadera" historia de los comienzos de la fraternidad. El poema empieza con Euclides, matemático griego del siglo 4º A.C., recordado hoy en día como "el padre de la geometría." Se dice que el genio matemático incorporó la geometría a un nuevo campo que él denominó "albañilería." Con esta nueva y refinada rama científica, viajó a Egipto y transmitió sus conocimientos a los hijos de los nobles egipcios.

El surgimiento de sociedades secretas ha sido siempre una de las facetas más fascinantes de la civilización, un fenómeno que ha estado presente desde el nacimiento de la humanidad. Incluso siglos después de ser fundadas, algunas de ellas continúan siendo bien conocidas, como la sociedad de los Caballeros Templarios, un grupo de guerreros armados que procedían de Tierra Santa. La Calavera y los Huesos y los Francmasones son también nombres que de inmediato hacen sonar la campana. Pero de todas las sociedades secretas de la historia, la leyenda detrás de una sobrepasa al resto: los Illuminati.

De las innumerables sociedades secretas que se han levantado y caído desde la aurora de los tiempos, ninguna podría acercarse a la notoriedad de los Illuminati. En años recientes sobre todo, la legendaria orden ha protagonizado miles y miles de libros, artículos, documentales, películas, música y memes en internet. Es uno de los principales blancos de los especialistas en conspiración, al igual que la supuesta responsable de los simbólicos mensajes subliminales ocultos en los medios de comunicación.

Sin importar la veracidad detrás de cualquier teoría de la conspiración, no se puede negar el profundo impacto del grupo durante más de dos siglos. Incluso aquellos que no encuentran nada impropio en la historia de los Illuminati, comprenden la importancia del misterio alrededor de todo lo que concierne a la sociedad, desde sus orígenes en Baviera hasta su fundador, Adam Weishaupt, pasando por aquellos que llevaron a la sociedad a su apogeo. Numerosas teorías de conspiración surgidas en torno a los Illuminati, han sido desde hace mucho fuente de especulación, y la tendencia continúa en la actualidad.

Para muchos, la búsqueda de los secretos y las verdades del universo es una tarea casi imposible de llevar a cabo. Más importante aún, este tema tan amplio propone una variedad interminable de respuestas. Para algunos, el secreto de la vida es el éxito. Para otros, es conquistar los miedos más íntimos. Si bien hay quienes simplemente no se preocupan lo suficiente como para aventurar una respuesta, también hay quienes creen que ellos, y sólo ellos, saben el verdadero significado de la vida.

La Europa de los primeros años experimentó un repentino estallido de religiones y organizaciones gnósticas y místicas, cada una con su propia versión del verdadero camino hacia la iluminación. Los conflictos que surgieron dentro de la Iglesia Católica y otras comunidades cristianas sólo alentaron esta creciente ola de disidentes. En el siglo XVII, los parisinos intrigados oyeron hablar de uno de estos grupos poco convencionales, quizás la más prestigiosa de todas las escuelas secretas: la Fraternidad de la Cruz de Rosa, o Rosa Cruz, la hermandad de rosacruces fundada por Christian Rosenkreutz.

Como muchos otros que temían la persecución de las autoridades, los rosacruces eran por necesidad un grupo secreto, y el surgimiento de sociedades secretas siempre ha sido una de las facetas más fascinantes de la civilización, un fenómeno que ha existido durante tanto tiempo como la civilización misma. Incluso siglos después de la fundación de algunos de estos grupos, siguen siendo conocidos, como los Caballeros Templarios, un grupo de guerreros armados que salieron de Tierra Santa. Los *Skulls and Bones* y los masones son algunos nombres más que vienen inmediatamente a la mente, y de las innumerables sociedades secretas que han surgido y desaparecido desde el principio de los tiempos, pocos han logrado la notoriedad de los Illuminati.

Al igual que los Illuminati, los Rosacruces son una orden legendaria de la que se ha escrito en miles y miles de libros, artículos, documentales, películas, música, memes de Internet y otros medios de entretenimiento. Son uno de los principales objetivos para los amantes de las teorías de conspiración y de los supuestos expertos en mensajes subliminales, simbólicos, ocultos, en los medios de comunicación. Independientemente de la veracidad detrás de cualquiera de las teorías de conspiración, no se puede negar el profundo impacto del grupo de los Rosacruces en los últimos siglos. Incluso aquellos que no encuentran nada extraño en su historia entienden la importancia de la mística de esta sociedad. Sin lugar a dudas, ha habido un número interminable de teorías de conspiración en torno a los Rosacruces que han tenido al mundo expectante, una tendencia que continúa hasta el día de hoy.

Las sociedades secretas más notorias del mundo: las historias y los misterios de los masones, los Illuminati y los Rosacruces

Los orígenes de la masonería

"El escultor tallista toma la medida, hace un diseño con el lápiz, trabaja con la gubia, diseña a compás de puntos y le da figura varonil y belleza humana, para que habite en un templo"—Isaías 44:13

El polifacético y exclusivo arte de la albañilería ha existido desde los primeros años de la civilización, particularmente desde la Revolución del Neolítico, 10.000 A.C., cuando la gente aprendió a domesticar animales y tierra. Después del descubrimiento revolucionario del fuego, estos primeros seres humanos comenzaron a crear una primitiva colección de herramientas para la construcción. Las innovaciones en las tempranas construcciones fueron llegando con el tiempo. Al calentar piedra caliza en un mortero con una mezcla de agua se producía un elemento blanco, corrosivo, conocido como "cal viva". Una robusta mezcla de arena, cemento y piedra caliza molida producía un yeso que se usaba para esparcir en las paredes, techos y otras superficies para un terminado suave y firme.

La albañilería ha dado al mundo toda clase de maravillas artesanales. Los albañiles, conocidos también como "canteros", ayudaron a diseñar montículos funerarios, las tradicionales e imponentes pirámides de Egipto y las estupendas pirámides escalonadas de los Incas, los Mayas y otras comunidades mesoamericanas. La floreciente comunidad de los canteros jugó después un papel importante en la construcción de los primeros templos, catedrales y castillos alrededor del mundo, lo mismo que famosos monumentos, como las estatuas de Cuzco, Ican Wal, Stonehenge y la Isla de Pascua, entre muchos otros.

Estos canteros fueron también pioneros en el campo de la caligrafía. Fueron ellos los primeros en grabar mensajes en piedra, que sirvieron como medios tempranos de comunicación. Se dice que los albañiles egipcios idearon el lenguaje de los jeroglíficos, un sistema de símbolos garabateados en paredes y tabletas de piedra, para transmitirse mensajes entre sí y a los futuros descendientes. A medida que la sociedad siguió desarrollándose alrededor del mundo, los seres humanos adoptaron el método de escribir en piedra, inmortalizando la escritura y diferentes obras literarias.

Los albañiles pertenecían a gremios, que eran esencialmente grupos de artesanos afines y mercaderes que trabajaban en lo mismo. Los primeros gremios fueron formados por miembros de una misma población, pero en la edad media, cuando la demanda de albañiles se disparó, los gremios se incrementaron. Más nobles ricos y líderes de lugares lejanos y cercanos comenzaron a llamar a estos albañiles para que les ayudaran en una variedad de proyectos de construcción. Como resultado de esto, muchos describieron a los albañiles como marginados de la sociedad, ya que vivían vidas nómadas e inestables, saltando de un lugar a otro, siguiendo el rastro de los empleos.

Los albañiles se dividían en 3 clases—los aprendices, los oficiales y los maestros albañiles.

Los aprendices eran obreros novatos y ambiciosos, que servían como aprendices y obreros de sus maestros a cambio de un entrenamiento individual y especializado. Los oficiales eran los que ya habían terminado el entrenamiento requerido y, como lo indica el nombre, acompañaban a los maestros para ayudarles en los proyectos de construcción en ciudades distantes. Los maestros albañiles era la más prestigiosa clase de albañiles, título otorgado solo a los más eruditos y hábiles de todos los artesanos del gremio. Los maestros tenían la última palabra y detentaban una completa autoridad en los sitios de construcción y sobre los carpinteros, constructores y artesanos a su mando.

Los albañiles desarrollaron una variedad de herramientas que les ayudaron a perfeccionar su arte. Los primeros albañiles usaron piedras abrasivas como herramientas de tallado. Más tarde, el descubrimiento de otros metales dio paso al invento de cinceles, mazos, martillos, taladros y sierras hechos de hierro. Una de las herramientas usadas en la albañilería era el martillo perforador, un martillo especial con una cabeza angosta, multiusos, que hacía más fácil el dar forma a la piedra. Otra herramienta altamente apreciada era la escuadra-compás de albañil, que era un compás de diseño y una escuadra mezclados. Después de cada proyecto, el gremio dejaba cierta clase de tarjeta de visita en la estructura, como hacen los artistas con sus obras maestras.

Estos gremios medievales formaron pronto comunidades, cada una de las cuales escondía su propio "misterio". Los misterios de los albañiles consistían en escuelas bien reglamentadas de conocimientos esotéricos sobre la metodología y los conceptos que tenían que ver con la construcción de esas torres y estructuras majestuosas y bien elaboradas. A diferencia de compañías modernas como Coca-Cola y Kentucky Fried Chicken, famosas por el viejo empeño en tender un velo sobre el secreto de los ingredientes de sus recetas, los secretos de los albañiles estaban destinados a vivir y morir dentro del gremio. Solo los maestros masones tenían las codiciadas llaves de este oculto conocimiento.

A partir de entonces, el florecimiento del arte de la albañilería se extendió por todo el mundo. En el siglo 10º, la moda llegó a Inglaterra, entonces gobernada por el rey Athelstan, un monarca conocido por su amor a la arquitectura. Los albañiles del país fueron en tropel donde el rey pidiéndole orientación en el negocio. Para apaciguar a sus súbditos, el rey reunió a todos los duques, condes, académicos y nobles de su reino, y juntos escribieron una serie de artículos y puntos que servirían de guía para los albañiles, a la vez que como manual de conducta moral y para las operaciones comerciales, que debían seguir los maestros albañiles, los oficiales y los aprendices por igual.

Como lo establecía el manual, los maestros albañiles tenían que ser auténticos y firmes y debían saber ejercer un juicio prudente. De acuerdo con la ley de albañilería, se les exigía pagar a sus hombres un salario igual y justo. Todos los aprendices tenían que pasar por las mismas pruebas durante el proceso de selección, y los sobornos de aquellos que buscaban un acceso rápido al gremio debían ser rechazados sin dilación. Los maestros albañiles estaban obligados a asistir sin falta a todas las reuniones programadas, y solo podían ser excusados por razón de salud. Debían examinar exhaustivamente todos los proyectos antes de aceptarlos y asegurar el uso apropiado del presupuesto y de los recursos.

Los aprendices podían ser aceptados solo si estaban en condiciones de dedicar 7 años al aprendizaje del arte. La mayoría de ellos eran jóvenes, robustos y en perfectas condiciones físicas, pues se consideraba que los enfermizos e incapacitados retrasarían el avance de las obras. En la misma tónica, aquellos que no eran capaces de cumplir con los estándares de la albañilería eran expulsados y reemplazados inmediatamente. Más importante aún, se exigía a los aprendices mantener unos antecedentes penales tan limpios como sus certificados de salud. Los ladrones, violadores y asesinos no tenían cabida en la asociación.

Para las operaciones diarias se enfatizaba un estricto código de respeto y disciplina. A los maestros albañiles se les prohibía piratear los proyectos de otros maestros. Los codiciosos maestros que desobedecían eran multados con hasta 10 libras esterlinas (aproximadamente 10.600 dólares de hoy en día). Los albañiles evitaban criticar en forma despectiva y daban solo consejos constructivos a los hermanos con los que no estaban de acuerdo, asunto que se resolvía de una manera pacífica y civilizada. Los maestros albañiles debían mantener un sentido de unidad, integridad y profesionalismo dentro de su gremio.

Los miembros más antiguos eran discípulos devotos, temerosos de Dios que prometían amar y respetar a sus maestros y hermanos a cualquier precio. Todos juraban nunca decir ni una palabra sobre las enseñanzas del gremio. Estaban llamados a no causar ningún daño a persona alguna, comenzando por el acto, aparentemente sin víctima, de seducir a la esposa de un hermano, hasta la atroz violencia física o daño corporal. La sociedad debía también mantener una atmósfera armoniosa, pero con disciplina. Con la aprobación del monarca, se tenían con regularidad reuniones—idealmente, una vez al año, y en el peor de los casos, una vez cada tres años.

El poema original hace también una de las primeras referencias a los *Sancti Quatuor Coronati,* "Cuatro santos coronados." Este era el nombre dado a dos grupos de cristianos separados, pero igualmente valientes, todos ellos escultores, grabadores y artesanos. El emperador ordenó a cada grupo crear una exposición de pinturas, murales, esculturas y otros ídolos en su nombre, con la idea de que todas las imágenes de Cristo tenían que ser sacadas de las casas de todo el país y reemplazadas por las imágenes paganas del emperador. Todos y cada uno de los que habían sido convocados se rehusaron y, por lo tanto, fueron condenados a una horrible muerte.

En 1861, Matthew Cooke publicó otra versión de los orígenes de la masonería. En esta oportunidad, en lugar de rollos, la obra estaba impresa en pergamino, un material especial hecho de piel de becerro. El surgimiento de esta nueva literatura iba a reanimar la curiosidad por la masonería en la Gran Bretaña. El manuscrito de Cooke ofrecía un resumen de las 7 ciencias liberales. En primer lugar, estaba la "gramática", el componente básico de todas las ciencias, que sistematiza la lectura y la escritura. Luego venía la "retórica", que enseñaba a hablar con buena dicción y con elocuencia. La tercera era la "dialéctica", llamada también "lógica", que enseñaba a distinguir entre la verdad y el error. La cuarta era la "aritmética", la estructura básica de la ciencia de los números. Quinta, la "geometría", el arte de medir y pesar, elemento fundamental en la construcción de cualquier cosa. Luego venía la "música" y finalmente, la "astronomía."

La otra mitad del manuscrito detallaba otra faceta del nacimiento de la masonería. El documento aseguraba que los genios detrás de la gran ciencia eran los hijos de Lamec, de la sexta generación de los hijos de Caín, quien es conocido por lo que cuenta la biblia acerca de la muerte de su hermano. A Jabal, el hijo mayor de Lamec, se le atribuye el descubrimiento de la geometría y la albañilería. Este, considerado uno de los mejores carpinteros de su tiempo, mostró unas cualidades excepcionales cuando construyó cientos de casas en la aldea. Muy pronto escaló posiciones y se ganó el título de maestro albañil, trabajando directamente bajo las órdenes del mismo Caín. Se dice que entre los dos construyeron Enoc, que fue la primera ciudad que se construyó en el mundo, localizada justo al este del Paraíso,

Jubal, el segundo hijo de Lamec, descubrió la música y desarrolló los primeros instrumentos, inclusive el *kinnor*, un harpa antigua, y el *uggab*, una flauta de madera. Tubalcaín, hermano medio de Jabal y de Jubal, descubrió el arte de la metalurgia, la ciencia de los metales, y supuestamente fue el primer herrero del mundo. Una de las hijas de Lamec, Naamá, creó el arte del tejido y puso las bases del arte de la fabricación de ropa.

Estos hábiles hermanos compartían una profecía sobre el inevitable fin del mundo: creían que este sería devorado algún día, bien sea por el fuego, por el agua, o por algún otro desastre natural. Decidieron entonces dejar sus conocimientos en manos de las futuras generaciones, y grabaron el sagrado conocimiento de las 7 ciencias en un par de pilares de piedra, uno concebido para ser insumergible, y el otro, resistente al fuego. Siglos después de la devastadora inundación que vio el surgimiento de otro gran personaje bíblico, Noé, los pilares, como se había anticipado, salieron a la superficie. Uno de ellos fue desenterrado por Hermes, prestigioso filósofo y fundador del Hermetismo. El otro fue sacado del agua por Pitágoras, quien llegaría a ser famoso en el mundo de las matemáticas.

Curiosamente, la más popular de todas estas historias sobre el origen de la masonería viene de la especulación y de la tradición antes que de la evidencia, pero a pesar de eso es aceptada por muchos masones modernos. Esta historia se retrotrae aún mucho más en el tiempo, por lo menos mil años antes del tiempo en que se dice nació Cristo. El rey de Israel, Salomón, planeaba construir en Jerusalén un lugar espectacular de adoración, pero para poder culminar su ambicioso proyecto tuvo que pedir ayuda a Hiram, el rey de Tiro. Además de la lista de los materiales de que carecía, le solicitó un artesano talentoso. Este artesano, escribió Salomón, tenía que ser un hombre "capacitado para trabajar el oro, la plata, el bronce, el hierro, el color púrpura, el carmín y el azul."

Después de pensarlo bien, el rey de Tiro aceptó que Salomón le pagara con maíz, vino y aceite.

A cambio de eso, envió a Salomón pilas de cedros recién cortados de las selvas libanesas, junto con su artesano más apreciado: Hiram Abiff, el hijo de un obrero del bronce ya muerto y "viudo de la tribu de Neftalí." Abiff asumió el reto, rebosante de confianza y de incontenible energía. Muy pronto mostró su habilidad en la albañilería y fue luego promovido a maestro albañil a órdenes de Salomón, encargado de la enorme tarea de construir el ahora legendario Templo de Salomón. Se reunieron más de 85.000 hombres bajo las órdenes de Abiff para llevar adelante el proyecto, que tardaría 7 años en ser terminado. Todos aquellos que le dedicaron 7 años de su vida, desde el principio hasta el fin, fueron galardonados como maestros albañiles al final del proyecto.

Foto de Wolfgang Sauber de un vitral con la imagen de Hiram Abiff

El templo de Salomón se convertiría en el más grande y sagrado de todos los templos, ya que iba albergar las tablas originales de los "Diez mandamientos." Se dice que los planos del altamente avanzado formato y diseño fueron entregados a Salomón por el Todopoderoso. Como era de esperarse, este conocimiento valioso estaba envuelto en el misterio, compartido solo por otra persona—Abiff.

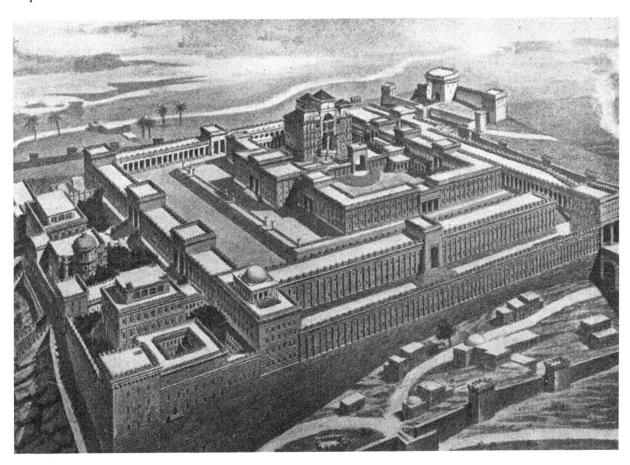

Representación artística del Templo de Salomón

Durante la construcción, Abiff y sus hombres comenzaron a desarrollar una cultura clandestina. Se creó una contraseña secreta, que se revelaba solo a los aprendices que se graduaban y a los oficiales como señal de éxito. Como saludo, Abiff y sus obreros desarrollaron las más antiguas versiones de apretones de manos y señales.

Al acercarse el fin de la construcción, 3 de los discípulos de Hiram comenzaron a retorcerse de impaciencia. Los inquietos aprendices sospechaban que todo el asunto no había sido más que un complejo fraude para conseguir trabajo gratis, urdido por Abiff. Frustrados por sus propias conclusiones, los hombres abordaron a Hiram y comenzaron a importunarlo pidiéndole la contraseña secreta, o por lo menos, un vislumbre del conocimiento divino que el maestro albañil decía poseer.

Molesto, pero impávido, Hiram se los quitó de encima y les pidió que fueran pacientes. Esto no hizo más que intensificar las erróneas suposiciones de estos hombres. Se aferraron a la idea de que la contraseña era lo único que se interponía entre ellos y los ocultos conocimientos del gremio, un tesoro de sabiduría que, según ellos, les daría poderes sobrenaturales.

Por desgracia, ellos no podían esperar más. Estudiaron detalladamente el horario de Abiff. El maestro albañil acostumbraba todos los días salir del sitio al mediodía para orar. Teniendo esto en cuenta, el trío de colocó estratégicamente por el templo, escondidos detrás de cada una de las tres salidas. Abiff trató de escabullirse por la puerta del este, pero fue rápidamente emboscado. El primero de los perversos albañiles acosó a Abiff pidiéndole la contraseña, pero el tranquilo maestro apenas se inmutó y rehusó dársela. Tan pronto como Abiff se dio vuelta, el enfurecido albañil agarró una piedra dentada que tenía cerca e hirió al maestro en el cuello.

Agarrándose el cuello, Abiff logró liberarse y se dirigió tambaleándose a la puerta sur, donde lo esperaba el segundo hombre. Una vez más, Abiif rechazó el pedido del segundo albañil. Cuando Abiff trató de huir, el albañil agarró una escuadra y golpeó al maestro en la cabeza.

Desorientado, Abiff patinó sobre su propia sangre y se arrastró hacia la puerta del oeste. Una vez más, Abiff, a un paso de la muerte, se negó a divulgar la contraseña. El último de los albañiles, en otro ataque de ira, le dio el último y fatal golpe con el extremo de un cáliz de piedra. Abiff se encogió en el piso. Cuando se desangraba, el maestro gorgoteó, "¿Quién ayudará al hijo de la viuda?"

Años después, las últimas palabras de Abiff se convirtieron en "en el clamor universal por ayuda" de los masones. A partir de entonces, Hiram Abiff fue acogido como el arquetipo del primer "masón libre," un constructor que abrazó la libertad de todas las cosas—expresión, religión, carácter, etc. En el nombre de Abiff, los masones se convirtieron en los constructores del hombre libre, sin las trabas de la esclavitud o de obligaciones cívicas. Y como Abiff, los masones tenían que estar preparados para rechazar un trío de enemigos—la ignorancia, el fanatismo y el despotismo.

Otra de las teorías vincula los orígenes de la masonería con una sociedad secreta completamente diferente. En 1120, los caballeros cristianos tomaron la ciudad de Jerusalén, dando comienzo a la primera de las cruzadas. Las rutas de peregrinaje arrebatadas a las ciudades vecinas se plagaron de ladrones, asesinos y otras clases de criminales. Un grupo de 9 caballeros se reunieron para combatir el creciente problema. Vinculados por votos monásticos, viajaron a Tierra Santa, donde comenzaron a defender a los inocentes peregrinos. El encantado rey los premió con un lugar en el Monte del Templo. Pronto encontraron su nombre—Los Caballeros Templarios.

Sello de los Caballeros Templarios

La sede central fue conocida como la "Mezquita Al-aqsa", construida sobre las ruinas del Templo de Salomón. Se rumoró que los caballeros excavaron las ruinas y limpiaron toda la basura con la esperanza de encontrar lo que se conocía como el "Oro de Salomón." No solo tuvieron éxito en la búsqueda de las riquezas de Salomón 9 años después, sino que según se dice encontraron también el Santo Grial y los sagrados pergaminos escritos por quienes escribieron los Rollos del Mar Muerto. Estos pergaminos fueron lo más apreciado de todo el tesoro, ya que contenían instrucciones que permitían desbloquear la comunicación entre Dios y el hombre.

Los caballeros, armados ahora de incalculables tesoros, regresaron a Europa y se unieron a la Iglesia Católica, convirtiéndose así en una de las clases más poderosas de la Europa medieval. Gran parte de sus ganancias se destinaba a obras de caridad. Los caballeros emplearon un equipo de albañiles para construir una cadena de monasterios, cámaras y templos por todo el continente, incluida la sorprendente y abovedada Iglesia de los Templarios de Londres. También se dice que revolucionaron la industria bancaria, acuñando monedas y desarrollando los primeros sistemas de seguridad. Los albañiles se convirtieron en aprendices de los caballeros, los que, a su debido tiempo, lograron descifrar los secretos de los rollos. Estos rituales antiguos se integrarían después a la cultura masona.

La gente comenzó a mostrarse escéptica respecto a la sociedad de los caballeros, que a toda hora tenían reuniones reservadas y elaboraban rituales a escondidas del público. No pasaría mucho tiempo antes de que las prácticas de los Caballeros Templarios fueran consideradas "anticristianas". Un viernes 13 de 1307, por órdenes del rey de Francia, los soldados invadieron la sede de los Templarios, apresando a los caballeros e incautando sus fortunas y propiedades.

Los desprestigiados caballeros fueron acusados de blasfemia, herejía, y de practicar un culto ilegal con figuras satánicas.

En 1312, la sociedad fue formalmente proscrita por el papa. Lo que quedó de los desorientados caballeros que lograron librarse de la ejecución desapareció en Escocia y se dispersó por Europa. Otros, según dicen, permanecieron en Inglaterra, resucitando la orden con un nuevo nombre uno o dos siglos después: Los Masones.

Los historiadores modernos han encontrado recientemente nuevas evidencias que vinculan a los masones con los Caballeros Templarios gracias a unas específicas tallas geométricas encontradas en las paredes de la capilla Rosslyn en Escocia. La pintoresca capilla de piedra blanca, entorno favorito para los escritores de novelas de misterio de todos los tiempos, estaba escondida en la campiña, detrás de una cortina de grandes árboles y de vegetación. Fue diseñada por William Sinclair, conde y descendiente de caballeros normandos. Fue precisamente esta capilla, según afirman algunos historiadores, uno de los lugares donde los Templarios, ahora Masones, encontraron refugio.

Foto de la Capilla por Anne Burgess

Foto del interior de la capilla por Jeremy A.

Se dice que la familia Sinclair tenía lazos estrechos con los masones de Europa. Eran ellos por herencia Grandes Maestros de la masonería en Escocia, título que les fue otorgado a principios del siglo 17. Algunos insisten en que estos títulos se les habían dado en fecha mucho más temprana. De todas maneras, esto no se ha podido probar, toda vez que los planos para la construcción de la capilla Rosslyn fueron eliminados por un terrible incendio.

Shaw, Escocia y la supresión

"Los ideales son como las estrellas. Usted no puede tocarlas con las manos, pero, como los navegantes, usted las escoge como guías, y siguiéndolas, alcanza su destino."—Carl Schurz

La demanda de albañiles alcanzaría otro apogeo en el siglo 15. Dada la creciente población de masones, aumentaban las disputas internas y los desacuerdos, lo que causaba encontronazos y divisiones. Algunas de esas camarillas separadas fueron tan indisciplinadas e ingobernables que las autoridades locales comenzaron a dictar leyes que limitaban sus operaciones con la esperanza de detener su crecimiento.

Aun así, el mercado de la albañilería floreció con el tiempo. Hacia 1475, los albañiles en la ciudad de Edimburgo, Escocia recibieron el "Sello de la Causa", estatuto legendario otorgado por las autoridades. Este estatuto unificó a los albañiles, los carpinteros y los toneleros (fabricantes de barriles y toneles) como una comunidad única y "registrada." La nueva entidad, conocida como "Gremio inglés de comercio", estaba unificada por un conjunto de reglas y estipulaciones expedidas por el gobierno. Por primera vez, los albañiles llegaron a ser una clase de comercio oficialmente reconocida, uniéndose a la lista de otros comercios registrados, tales como los panaderos y pasteleros, los obreros especializados en los metales y la metalurgia, y los tejedores de la ciudad.

Los albañiles de Edimburgo desplegaron un sistema más complejo llamado "logias', que básicamente eran gremios divididos en múltiples clases, donde los que los que estaban en la cima presidían sobre los que estaban por debajo. Después de años luchando por el establecimiento de logias de albañiles, finalmente las autoridades cedieron en 1491. En los años siguientes, el movimiento de los masones continuó desplegándose por toda Europa y aparecieron más logias en el continente. Hacia 1535, el furor masónico había llegado hasta Francia. Había al menos dos logias masónicas escocesas en las ciudades de Lion y París.

El crecimiento de la masonería se detuvo abruptamente por la época de la Reforma Protestante a principios del siglo 16. Las conmociones políticas, religiosas y culturales habían sido desatadas por acusaciones y quejas contra la corrupta Iglesia Católica. La iglesia era censurada públicamente por simonía, que consistía en que las autoridades católicas recibían unos dineros "por debajo de la mesa" para que dieran acceso o promoción dentro del gobierno religioso. Peor que eso era la venta de indulgencias, tarifas que uno pagaba por un boleto de entrada al cielo.

El movimiento protestante prevaleció sobre todo en el norte y el centro de Europa, donde rebeldes como Martín Lutero, Juan Calvino y el rey Enrique VIII de Inglaterra tomaron una posición firme contra los católicos, con la esperanza de redistribuir el poder entre aquellos que habían formado su propia forma de fe cristiana. Aunque él no era su teólogo y sus quejas contra el Vaticano estaban basadas en preocupaciones acerca de la sucesión, Enrique VIII trató de arrancar de raíz los fundamentos y lavar toda traza de catolicismo en Inglaterra, inclusive buscando la completa destrucción de los monasterios en todo el estado durante la mitad de la década de 1530. Los monasterios se habían convertido involuntariamente en objeto de la ira del paranoico rey, ya que se decía que los monjes todavía estaban con el papado. La ocasión se presentó muy oportunamente, ya que la hermosa herencia que había recibido de su padre estaba tambaleando. Tomás Cromwell, el Primer Ministro del rey no hizo sino empeorar la paranoia del rey al asegurar que las ganancias de los monasterios estaban siendo enviadas al Vaticano al fin de cada año.

Lutero

Calvino

Enrique VIII

Cromwell

El hecho es conocido hoy como la "Disolución de los monasterios," y fue abolida una amplia gama de instituciones religiosas, incluyendo abadías, conventos, catedrales, capillas y otros lugares sagrados católicos. Cromwell, quien fue puesto a cargo de las operaciones religiosas de la nación, había ordenado medidas enérgicas contra esas instituciones; sus hombres destruyeron las puertas y se pavonearon por esos lugares, ostentando órdenes reales y armas relucientes en sus cinturas. Buscaban por todos los lugares señales de desobediencia contra la Iglesia Reformada de Inglaterra. Muchos sospechaban que los reportes producidos por estas redadas, que eran encabezadas por dos de los hombres de confianza de Cromwell, habían sido adulterados para generar falsos resultados con los que esperaban satisfacer las casi imposibles exigencias de su superior.

Los clamores de injusticia por parte del menguante público católico fueron ignorados. En marzo de 1536, el Parlamento se hizo sentir, expidiendo un acto polémico que exigía la clausura y expropiación de todos los monasterios y establecimientos católicos con ingresos anuales de

£200 ($46.108 dólares americanos) efectivo inmediatamente. Más de 300 de esas humildes instituciones católicas reunían las condiciones, y la mayoría de ellas fue desmantelada. 67 de los establecimientos condenados serían perdonados por el rey, pero se les requirió el pago de impuestos altísimos para que pudieran continuar operando, cantidad aquella que correspondía aproximadamente a los ingresos de todo un año.

Aproximadamente diez años más tarde, las autoridades comenzaron a prestar atención a los masones. Al fin y al cabo, sus entradas habían dependido de proyectos financiados por la Iglesia Católica. Se suponía que deberían haber salido debilitados con la expulsión de sus antiguos empleadores, pero habían logrado mantenerse a flote.

En 1548, un año después de la muerte de Enrique VIII, se expidió la Ley sobre las conspiraciones de los vendedores de alcohol y los artesanos. Esta ley ordenaba la suspensión de todos los gremios de artesanos y declaraba prohibidos sus monopolios. Afortunadamente para los artesanos, esta prohibición fue derogada solo un año después, ya que la ausencia de la albañilería había hecho hundir el mercado. A partir de entonces, y durante todo el siglo siguiente, las autoridades inglesas, junto con la nobleza y con otros individuos acaudalados, revivieron la tradición de contratar albañiles para los proyectos de construcción más complicados. Pero a pesar de que su libertad de comercio había sido restablecida, las celebraciones religiosas masónicas, tales como los desfiles con motivo de las fiestas de los santos, estaban todavía prohibidas.

Las logias masónicas de Escocia eran administradas por un par de funcionarios escogidos por el monarca, un Guardián General y el Principal Director de Trabajo de la Corona Escocesa. Esta última era la posición más destacada, encargada a un funcionario responsable de todas las reparaciones, de las construcciones y todas las materias relacionadas con los palacios y propiedades reales.

Al finalizar el siglo 16, un hombre llamado William Schaw ocupaba ambas posiciones. William, nacido en 1550 en Broich, hoy en día Arngomery, condado de Stirlingshire, Escocia, es considerado hoy en día como uno de los fundadores de la moderna masonería. La familia Schaw había estado siempre bien relacionada con la corona escocesa, pues habían servido por generaciones como encargados de las bodegas de vino reales. En 1580, el nombre Schaw fue manchado cuando el padre de William, John, fue acusado del asesinato de un siervo de un noble del vecindario. Más tarde, John no se presentó en la corte en la fecha indicada, lo que trajo como resultado la confiscación de su propiedad; finalmente el problema fue resuelto.

Schaw

El joven William logró zafarse del escándalo de su padre, determinado a hacerse a una carrera por sus propios medios. En primer lugar, se hizo paje en la corte de Edimbrugo, después apuntador del tiempo en el entorno de Esmé Sturat, Duque de Lennox. William, criado como anglicano, firmó más tarde un juramento de fidelidad a la Iglesia de Inglaterra, afianzando sus lazos con la corona. Al año siguiente, en abril de 1581, a la edad de 31 años, William fue honrado por su patriotismo y le dieron como premio tierra en Kippen, una aldea al oeste de Strilingshire.

El 21 de diciembre de 1583, el rey Jaime VI de Escocia (futuro rey Jaime I de Inglaterra) nombró a William Principal Director de Trabajo de Escocia, titulo garantizado por el pago adelantado de su salario de £166 ($38.270 dólares americanos). La primera tarea oficial de William fue la reorganización de las logias masónicas. Después de pensarlo muy detalladamente, se puso a trabajar. En 1598, en medio de una reunión con los maestros albañiles del sureste de Escocia, William presentó su primera versión de "Los estatutos de Schaw."

Rey Jaime VI

Los primeros estatutos describían nuevos títulos, tales como guardianes y diáconos, y establecían un órgano de gobierno más centralizado. Se explicaban las obligaciones y se repartían a los que estaban en cada uno de los niveles. Además, los estatutos hacían una lista de los castigos para aquellos cuyo trabajo no cumplía con los estándares establecidos, lo mismo que para aquellos que fueran culpables de practicar hábitos de trabajo inseguros. William urgía a los masones a permanecer "fieles uno a otro y vivir unidos en caridad como corresponde a hermanos verdaderos y compañeros de profesión."

Un año más tarde se promulgó una versión revisada de los estatutos. Las disputas domésticas por el poder dentro de las agrandadas logias, llevaron al establecimiento del Capítulo de Edimburgo como "la primera y principal logia," y en segundo lugar la logia de Kilwinning. Lo más importante de todo fue que los estatutos modificados fueron el primer documento en hacer referencia al "conocimiento esotérico" guardado en el corazón de la masonería. Finalmente, se requería ahora a las logias el llevar registros detallados, conocidos también como "actas de las reuniones", y a reunirse en forma regular para conferencias anuales.

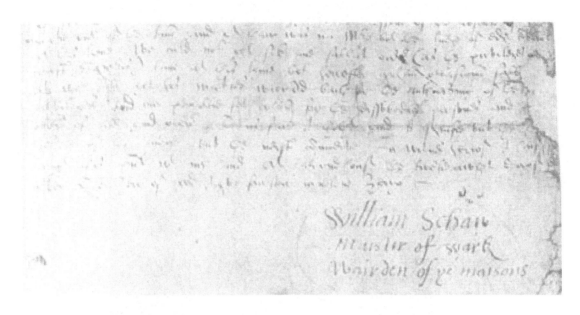

Foto de la firma de Schaw en los segundos estatutos

Entre finales del siglo 16 y el siglo 17, entraron a la sociedad más artistas, intelectuales y otros masones especulativos. Hombres de todas partes fueron atrapados en la red de la mística artesanal, profundamente interesados en los complicados diseños y estructuras que producían esos canteros. La Edad de la Razón, conocida también como la Ilustración Europea del siglo 18, iba a impulsar un aumento en la membresía masónica. Por supuesto, no todo el mundo estaba satisfecho con el aumento del número de masones. Si bien la Ilustración abrazaba ideas revolucionarias que se parecían mucho a los ideales de los masones, las logias habían sido estigmatizadas como sociedades secretas. Se decía que los disidentes que habían escapado de las persecuciones religiosas se habían refugiado en esas logias.

A finales de junio de 1717, la primera gran logia—un cuerpo de gobierno de una organización fraterna o gremio de una región particular—fue creada en Inglaterra. La Primera Gran Logia de Inglaterra, ahora simplemente llamada "La Gran Logia de Inglaterra", continúa siendo la más antigua logia masónica existente hoy en día. En 1720, se estableció en Irlanda otra gran logia. A partir del siguiente año, todas las grandes logias tenían que ser reconocidas por el gobierno.

Representación del siglo 19 del interior de la Gran Logia

En 1723, un clérigo presbiteriano, el padre James Anderson, publicó *Las constituciones de los masones*. Este documento era un completo y detallado manual de operaciones para la primera gran logia de Inglaterra, lo mismo que para las logias de Londres y Westminster bajo su jurisdicción. Esta constitución, inspirada en la recopilación de antiguos manuscritos masones, conocidos también como "Constituciones góticas", fue el primer relato de la leyenda de Hiram Abiff. También incluía un diagrama más detallado de los niveles de la masonería.

Primera página de las *Constituciones* de Anderson

En noviembre de 1735, las logias escocesas se reunieron para discutir el ensamblaje de su propia gran logia. Los 33 representantes presentes eligieron a William Sinclair de Rosslyn como el primer Gran Maestro Masón, y establecieron formalmente una gran logia en 1736. Las sedes de estas nuevas logias, junto con cualquier base futura, podrían compartir el diseño del Templo de Salomón.

A medida que la moda de las grandes logias cogió fuerza, en la misma forma aumentaron las logias por todo el continente. Hacia 1725, las actas de las reuniones anuales muestran que el movimiento se había extendido hacia el sur, con por lo menos 10 logias masónicas en Salford del Gran Manchester al noroeste de Inglaterra, lo mismo que en el sur de Gales. Sin embargo, poco después de la instalación de la Gran Logia de Escocia el cielo comenzó a oscurecerse para los masones.

Un grupo de guardianes y de maestros masones de una logia irlandesa habían sido detenidos a las puertas de la Gran Logia Nacional, ya que los que documentos que habían mostrado fueron declarados inválidos. Los enfurecidos masones de nuevo se resintieron contra las grandes logias, y las separaciones dentro de los gremios se duplicaron. Temiendo represalias e infiltraciones por parte de extraños, las grandes logias de todo el continente extremaron las medidas de seguridad, estableciendo nuevos choques de manos y contraseñas más complicadas. Todos estos cambios no hicieron sino traer más divergencias entre los líderes de las grandes logias, haciendo más profunda la división de la sociedad.

Independientemente del cisma cada vez más grande, las logias experimentaron un crecimiento constante. A principios del siglo 18, los masones alcanzaron otro hito con sus primeros estatutos internacionales, autorizando una logia en Alepo, Siria. Por esta época, un considerable número de masones pertenecían a los ejércitos enviados a ultramar. A estos masones se les daban "Cartas de viaje", que les permitían extender las ramas del movimiento en las naciones extranjeras en que estuvieran estacionados.

El corazón del oficio

Representación del siglo 18 de una iniciación masónica

"La masonería es una de las instituciones más sublimes y perfectas que se han creado jamás para el fomento de la felicidad y el bienestar general de la humanidad, produciendo, en todas sus variedades, universal benevolencia y amor fraterno."—Príncipe Augusto Federico, Duque de Sussex

Siguiendo el ejemplo de la masonería tradicional, los masones escoceses tenían tres grados de "Logia azul."

El primero de esos grados era el "Aprendiz", que simbolizaba el renacimiento del candidato. El aprendiz era cubierto todo de negro, y debía ser guiado por el laberinto de la oscuridad por su mentor para poder alcanzar la luz, o sagrado "conocimiento", al final del túnel. Estos novicios solo conocerían lo que era de público conocimiento acerca de la historia de la masonería. Después venía una orientación dada por un guardián subalterno, quien les daría una visión general de la verdadera historia y del simbolismo del Templo de Salomón.

Venía luego el grado de "Compañero." En este punto, los aprendices habrían completado ya las lecturas y el entrenamiento preliminares. Bajo la tutela de un guardián superior, profundizaban la historia de la sociedad y eran educados acerca de la vida diaria y de las luchas de los artesanos bíblicos y medievales. Al final de esta etapa, las conferencias cubrirían lo relativo a la conclusión del Templo de Salomón.

El último grado era el de "Maestro." Los maestros tenían amplia experiencia de las enseñanzas de sus grados anteriores. Las nuevas lecciones estaban enfocadas en la épica de Hiram Abiff y en cómo se había sacrificado por la sociedad. También recibían todo el alcance de la filosofía del movimiento masón. Típicamente hablando, el rango de Maestro masón era el más trascendental de todos los grados. En todo caso, en espíritu fraterno con los grados colegiados del maestro, un maestro podía tomar un entrenamiento adicional. Los que querían calmar una sed insatisfecha de conocimiento podían acudir a las dos ramas de Maestría Masónica: los ritos de Escocia y de York.

La primera sub-rama, compuesta por los primeros 14 de los ritos escoceses, era la "Logia de perfección." Entre las clases de esta sub-rama están el "Maestro secreto", el "Intendente de la construcción," el "Gran Maestro Arquitecto" y el "Gran Masón Elegido". Estos grados estaban diseñados para intensificar en el maestro el sentido del deber, de la lealtad, de la honestidad y del secreto. El programa incluía también valores de altruismo y destrezas de auto preservación, tales como el aplastar los pensamientos egoístas e impuros, e igualmente la habilidad de ser justo e imparcial. Además, un maestro aprendía cómo utilizar el conjunto de habilidades y recursos que había acumulado durante su entrenamiento con el fin de fortalecer su relación con Dios, y a perseverar ante la adversidad.

La segunda sub-rama se llamaba el "Consejo de Príncipes de Jerusalén", que consistía de solo 2 grados—el "Caballero de Oriente" y el "Príncipe de Jerusalén." Como en los previos grados, los maestros recibían un conocimiento más completo de lo que se necesita para comprometerse con la causa. La tercera sub-rama era el "Capítulo Rosacruz", que tenía también dos grados—el "Caballero de Oriente y Occidente", y el "Soberano Príncipe Rosacruz." Estas lecciones giraban en torno al lado religioso, enseñando a los maestros la importancia de su alianza con Dios, relación que debía estar por encima de todo lo demás. También se les enseñaba a los maestros a reabrir sus corazones como un templo de Dios, pero dejando espacio para la aceptación de los hermanos de todas las creencias.

El grupo final era conocido como el "Consistorio", que contenía los últimos 14 grados de los ritos escoceses. Entre estos títulos estaban el "Gran Pontífice", el "Jefe del Tabernáculo", el "Príncipe de la Misericordia", y el "Gran Inquisidor." A los maestros veteranos se les daba una serie de pruebas que cuestionaban su devoción a la causa, lo mismo que la fuerza de su espiritualidad y carácter individual.

En la cima de los niveles estaba el "Sublime Príncipe del Real Secreto." En esta etapa final, la espiritualidad debería haberse sobrepuesto al mortal lado humano del maestro. Ahora estaba en capacidad de ahogar con facilidad toda clase de apetitos y emociones impuras, y estaba lleno de un sentimiento iluminado de moral y de razón.

Los grados del Rito de York eran un conjunto suplementario de que disponían los maestros que buscaban un canal de conocimiento aún más profundo. La primera de estas sub-ramas era el

"Arco Real," que incluía 4 grados—el "Maestro de la Marca," el "Maestro Virtual Pasado" y el "Muy Excelente Maestro", lo mismo que el "Maestro Masón del Arco Real." A los maestros se les inculcaban aún más los valores de la caridad, el trabajo y la benevolencia. También recibían un curso de repaso sobre la historia del Templo de Salomón.

La siguiente sub-rama era el "Rito Críptico" que comprendía otros cuatro grados—el "Maestro Real", el "Maestro Selecto", el "Maestro Súper Excelente" y el "Maestro Tres Veces Ilustre." Ahora a los maestros se les daba una visión más amplia de la historia del templo, abordando eventos sucedidos antes y después de la construcción del templo, hasta bien adentro de la expulsión de los hebreos. La última serie de estas sub-ramas era llamada la "Caballería Masónica," que comprendía los tres últimos grados de York—"La Ilustre Orden de la Cruz Roja", la "Orden de Malta" y la "Orden del Templo." Aunque estos nombres parecen ser un homenaje a otras hermandades místicas, nunca se ha logrado confirmar una evidencia concreta de conexión entre los masones y los rosacruces o alguna otra fraternidad.

Había 5 requisitos básicos para los candidatos a masones. Para empezar, la sociedad solo aceptaba hombres fuertes, "no mutilados" y libres. Para ser considerado seriamente, el candidato debía poseer antecedentes extremadamente limpios, recomendaciones excelentes y una destacada reputación en la sociedad. Fuera de unas pocas logias modernas que recientemente han aceptado mujeres, como la Orden de la Estrella de Oriente, las logias tradicionales se componían solo de hombres.

En segundo lugar, uno debería creer en un Ser Supremo y en la otra vida. La identidad del Ser Supremo se mantenía sin especificar por una razón: la disponibilidad de los masones a aceptar judíos, musulmanes, hindúes y otras religiones no cristianas ha instigado muchas reacciones a lo largo de los años. Sobra decir que los ateos y los paganos eran rechazados.

En tercer lugar, se requería que los candidatos tuvieran una situación económica estable, con la completa e independiente capacidad de sostenerse a sí mismo y a su familia. Este requisito se estableció para eliminar a cualquiera que quisiera aprovecharse de la sociedad para obtener ayuda económica. También se subrayaba la importancia de colocar a Dios y a la familia por encima de la fraternidad.

Después, todos los candidatos debían ser mayores de edad. Este era un número que variaba de logia a logia, pero en general, la edad promedio para ser admitido era 21 años. Finalmente, solo eran admitidos los candidatos que habían firmado según "su libre voluntad y acuerdo." A diferencia de muchas otras fraternidades, los masones no buscaban sus miembros activamente, y acorde con su amor por el secreto, nunca se promovían o se hacían publicidad. Ellos confiaban en la promoción persona a persona, una estrategia evidentemente bien poderosa, ya que ha logrado mantener por siglos un crecimiento ininterrumpido.

Lo que sucede en los ritos masónicos y en las ceremonias de iniciación no ha sido nunca revelado al público, pero a lo largo de los años, algunos de los hermanos confirmados han salido a dar alguna luz mediante una descripción abreviada del proceso.

Los candidatos llenaban unas solicitudes que enviaban a una logia, la cual informaba a la sociedad acerca del interés del candidato. La logia entonces hacía una investigación de los antecedentes del candidato antes de la reunión de la junta en la que se discutiría y se votaría la aceptación del posible masón. Una vez que el candidato fuera aceptado, se convertía en "Aprendiz", y comenzaría su viaje en búsqueda de la gloriosa iluminación de la "completa luz masónica."

Cuando un masón era promovido al grado siguiente, era premiado con una ceremonia de graduación ajustada a un tema recurrente. Los hermanos eran vendados con una "venda masónica" antes de entrar a la Cámara de Reflexión. Eran entonces guiados por medio de una representación ritual de la muerte de Hiram Abiff en el templo, después de lo cual recibían un regalo que simbolizaba la "Luz masónica."

Una vez que habían recibido la luz, se les removía la venda. Se pedía entonces al hermano arrodillarse ante el altar para prestar el juramento. Con su libro predilecto de la biblia en la mano, hacían voto de cumplir con todas las reglas y mantener el secreto de la sociedad por siempre. Ahora que el hermano había jurado guardar el secreto, se le revelaban los símbolos masónicos, los choques de mano y otros protocolos secretos.

Como se mencionó antes, las reglas de la sociedad han sido moldeadas por las Constituciones Góticas y los llamados "Antiguos Deberes", que son manuscritos producidos durante la transición de la masonería operativa a la especulativa. El Dr. Alberto Mackey, un médico y escritor del siglo 19, resumió en 25 "mojones" una lista de reglas y normas. Mackey empieza con la administración general de la logia. Todas las logias debían estar divididas en 3 grados, y cada una de ellas debía ser gobernada por un Gran Maestro. Se nombraba un Maestro Principal y dos Guardianes para supervisar y administrar las conferencias anuales de la logia. Dentro de los edificios de la logia no se permitía ninguna clase de armas. Los extraños y los visitantes no autorizados que no lograban pasar un examen dado por las autoridades eran expulsados rápidamente. Como siempre, las logias tenían prohibido interferir en los asuntos de otras logias.

Mackey

Cada logia debía tener un "Libro de la ley" para consulta rápida y como medida protectora de las libertades de todos los masones. Se reafirmaban los derechos individuales de los masones. Tenían derecho a ser representados en todas las reuniones, lo mismo que el derecho a visitar y asociarse con miembros de otras logias. Por encima de todo, se exigía a todos los hermanos de cualquier rango mostrar comprensión, tolerancia y justicia, no solamente entre sí, sino también con los que no pertenecían a la sociedad.

El propósito principal de los masones era "hacer de hombres buenos hombres mejores." Se esforzaban por moldear el carácter del individuo ampliando sus perspectivas morales y espirituales. A la vez, esperaban educarse mutuamente en la responsabilidad individual y en la ética, y en la forma de intercalar estos elementos en sus vidas. Además de un inquebrantable código moral, los masones esperaban abrir los ojos de sus seguidores a la necesidad de la caridad y de la responsabilidad social, lo mismo que a la importancia de mantener puntos de vista neutrales en religión, política y otros asuntos discutibles.

A medida que la cultura masónica evolucionó, también lo hicieron las costumbres y el decoro de la sociedad. Fue desterrada de las reuniones de la logia cualquier mención de religión, política o cualquier otro tema personal, y tampoco se podían utilizar estos elementos como factor en la toma de decisiones. El sentarse en el Oriente sin haber sido invitado era una falta de respeto, ya que estos puestos estaban reservados para los más altos maestros de la logia. Los masones no podían hablar o interrumpir con asuntos que no hubieran sido aprobados antes de las conferencias. Todos los presentes debían vestir todas las galas: un traje negro, guantes, puños de guantes, botón de solapa y un delantal bordado, que era un tributo a sus ancestros masones.

Con el paso de los años han aparecido docenas de emblemas, diseñados para representar diferentes bandos masónicos. La masonería como un todo es reconocida por medio de un logo especial—una escuadra masónica y un compás con una G en negrilla en el centro. Se dice que la escuadra es un recordatorio para "cuadrar" las propias acciones por medio de la virtud, en tanto que el compás lo obliga a uno a "circunscribir" las propias pasiones. La mayoría de los masones están de acuerdo en que la misteriosa "G" quiere decir "Dios" (en inglés: God). Otros sugieren que significa Gnóstico o Geometría, ya que estos eran componentes básicos del estilo de vida masón.

Foto del logo en la tumba de Mackey

La gama de símbolos masónicos se ha multiplicado con el tiempo, Uno de los más populares de toda esta variedad es el "Ojo de la Providencia" o "El Ojo que todo lo ve." Esta imagen, prestada de otras culturas, se encuentra en casi cada una de las logias alrededor del mundo. Este ojo siempre abierto hace alusión a un innominado Ser Supremo que mira a la sociedad y que, como dijo Mackey, es "un símbolo de la rapidez, el brazo del poder y la mano de la fidelidad."

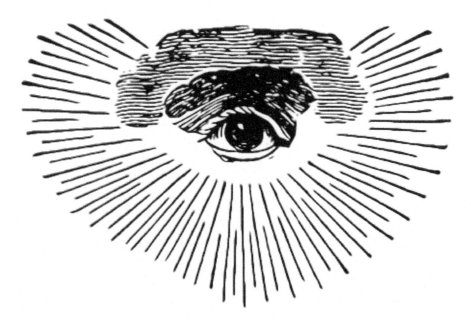

Antigua versión masónica del Ojo de la Providencia

El Ojo de la Providencia en el reverso del Gran Sello de Los Estados Unidos

Otro símbolo bien común es el "Nivel y la plomada" Esta herramienta de construcción, usada para medir el nivel de superficies horizontales llanas, era un recordatorio de que los humanos viven al "Nivel del tiempo." También es visto como símbolo de balance y equilibrio, apoyado por el mantra masón, "Todos nos encontramos en el nivel."

Bulas, intervención y el Proyecto Americano

"La masonería es una institución calculada para beneficiar a la humanidad." –Andrew Jackson

Hacia la mitad del siglo 18, la Iglesia Católica Romana condenó todas las sociedades secretas. Para los masones se perfilaban en el horizonte más problemas cuando la inquisición—combate de la Iglesia Católica contra la herejía—inició una nueva investigación por toda Europa enfocando su mirada en la sociedad. En 1736, una logia masónica de la ciudad de Florencia, Italia, fue registrada de arriba abajo, y las autoridades encontraron que la logia había sido establecida por un masón inglés llamado Carlos Sackville, Segundo Duque de Dorset. Sackville había estado reclutando italianos y otros ingleses establecidos en Italia. Carlos Radclyffe, el 5º Conde de Derwentwater, fue nombrado Gran Maestro de los masones franceses el 26 de diciembre de ese año.

Sackville

Las cosas empeoraron. El escritor escocés, Andrew Michael Ramsay, había sido escogido para escribir y pronunciar un discurso el día de la elección de Radclyff. En marzo de 1737, Ramsay envió por correo una copia revisada al cardenal André-Hercule de Fleury, que era también el Primer Ministro del Rey Luís XV de Francia. En su carta, Ramsay había añadido una solicitud de aprobación formal de las logias masónicas francesas. En lugar de enviarle sus bendiciones, el cardenal, que no estaba interesado en el contenido del discurso, estalló en ira y declaró a los masones "traidores" a la Iglesia Católica. Poco después, proscribió el capítulo francés de la sociedad. Estas tensiones, junto con las investigaciones en marcha, no hicieron sino aumentar.

André-Hercule de Fleury

Al año siguiente, el 28 de abril, el Papa Clemente XII publicó la primera de las prohibiciones papales de la masonería, documento que tituló *"In eminenti apostolatus."* Si la hermandad se atreviera a seguir tomando juramentos impíos, estarían sujetos a "penas graves." El Papa aseguró además que "unirse a esas sociedades (era) precisamente lo mismo que incurrir en la contaminación del mal y de la infamia." Si los masones de verdad no estaban envueltos en ninguna maldad, no deberían estar tan empeñados en ocultar al público sus prácticas. El Papa concluyó, "Las sociedades secretas llamadas masonas son malas y pervertidas. Ellas son un gran peligro para las almas de los fieles. Por lo tanto…ordenamos de la manera más estricta que ningún católico podrá entrar, propagar o apoyar a estos masones bajo pena de excomunión."

Papa Clemente XII

En las décadas siguientes se repitieron esas prohibiciones. La sociedad se había hecho tan conocida que, según se decía, habían sido condenados por al menos 11 papas. Por toda Europa, se desató la fobia y la propaganda contra las sociedades secretas, cosa que se prolongó hasta finales del siglo. En la Gran Bretaña, también el Parlamento tenía cada vez más dudas respecto a la floreciente matriz de las sociedades secretas en medio de ellos. Este miedo se amplificó de manera especial a finales de la década de 1790, habida cuenta de las amenazas que se cernían constantemente en el horizonte de una invasión de Francia.

En la primavera de 1799, Henry Thornton, un miembro del parlamento, de Southwark, un distrito en Londres Central, asombrado por ciertas noticias, decidió escribir. Esta carta confidencial fue dirigida a William Wickham, el Subsecretario del Ministerio del Interior, un departamento que supervisaba la inmigración, el contraterrorismo y otros asuntos relacionados. Thornton declaraba que un fabricante de licor, conocido solo como "Benwell", se había acercado a él pidiéndole consejo acerca de uno de sus empleados que había sido invitado a unirse a un club secreto en Wandsworth. El empleado, indeciso, había rechazado el ofrecimiento, ya que la membresía solo podía completarse mediante la aceptación de un inquietante juramento. Lo que era peor, se trataba de algo muy bueno para ser cierto, ya que supuestamente ganaría un chelín ($37,50 dólares americanos de hoy en día) por su sola presencia en una reunión y otros 2 chelines y 6 peniques ($93,50 dólares de hoy) por cada nuevo candidato que consiguiera. Wickham, asombrado por el pago dado por asistir, ordenó a Benwell que persuadiera a su empleado a que solicitara la membresía de manera que así pudiera reunir información que pudiera fortalecer su caso contra estas perversas organizaciones.

Historias como estas no eran raras en aquellos días, lo que extendía el pavor que se sentía contra las sociedades secretas. Más tarde aquel mismo año, el Parlamento expidió el "Ley de 1799 sobre las Sociedades Ilegales," que prohibía todas las sociedades secretas que requirieran a sus miembros prestar juramentos. Aunque la ley había sido expedida teniendo en mente especialmente a los Jacobinos y otras fraternidades católicas, los masones sintieron también el golpe. Solo después de un vigoroso debate, fortalecido por los esfuerzos conjuntos de las logias rivales contra la Cámara de los Comunes, la ley fue enmendada para excluir a los masones. Algunos piensan que un considerable número de miembros de la monarquía y del parlamento pertenecía a una logia o Gran Logia masónica, lo que ayudó a inclinar la ley en su favor.

Aún con la exclusión, los masones estaban ahora obligados a cumplir con una serie de regulaciones. Los nombres y direcciones de todos los miembros y visitantes presentes en las conferencias masónicas tenían ahora que ser registrados por un Guardián subalterno y enviado después al secretario de Paz cada año. La ley estaría en vigor por siglos, hasta que fue rechazada mucho más tarde por el Parlamento en 1967.

Entre tanto, en los Estados Unidos, el movimiento tomó un impulso sin igual en la historia masónica. En 1730, la Gran Logia de Inglaterra expidió certificados que autorizaban el establecimiento de Grandes Logias Provinciales en las nuevas colonias de Norte América. La Gran Logia Provincial de Pensilvania, de la que se dice que había sido creada en 1731, afirma ser la más antigua logia masónica de los Estados Unidos, algo que fue refutado por las Grandes

Logias de Massachussets y Virginia, que fueron erigidas poco después. Entre 1733 y 1737, la Gran Logia de Inglaterra expidió más autorizaciones que permitían que fueran plantadas banderas masonas en Nueva York y Carolina del Sur.

Se dice que numerosos Padres Fundadores y aclamados héroes de los Estados Unidos han sido masones. Entre los nombres más reconocidos está no menos que Benjamín Franklin. El prodigio de Boston, nacido en 1706, llamó muy pronto la atención de quienes le rodeaban, hipnotizados por su excepcional inteligencia y futuro prometedor. Franklin fue un inventor en serie, escritor, filósofo, político y un verdadero "todo terreno," pero también fue un venerable hermano de la sociedad.

Franklin

Todavía se debate cuándo se unió Franklin a los masones, pero muchos creen que eso sucedió alrededor de febrero de 1731, cuando se inscribió en la Logia San Juan de Filadelfia. El año siguiente, Franklin, de 26 años, fue promovido a Gran Guardián menor de la Gran Logia

Provincial de Pensilvania, y luego fue elevado a Gran Maestro en 1734. Ese mismo año, el Gran Maestro Franklin volvió a editar las Constituciones de Anderson de 1723, pasando a la historia como la primera publicación masónica de los Estados Unidos. En 1752, Franklin encabezó un comité orientado a la construcción de la primera base física de los masones de Estados Unidos.

Franklin fue también elogiado por sus habilidades diplomáticas, lo que fue muy útil cuando fue enviado al extranjero a ayudar a los hermanos colonizadores. Actuó como representante de la logia de Filadelfia, participando escrupulosamente en una serie de reuniones en Europa, habiendo sido escogido como Gran Maestro Provincial de una conferencia de la Gran Logia de Inglaterra en noviembre de 1760. En 1778, Franklin fue enviado a París, donde negociaría la entrada de Francia en la revolución americana. Durante su permanencia allí, se le encargó también patrocinar a una de las leyendas de la Ilustración, Voltaire, en su candidatura para una silla en la Logia de las Nueve Hermanas. Franklin siguió manteniendo su afiliación a las Nueve Hermanas.

No pasaría mucho tiempo antes de que los masones americanos se vieran envueltos en los rumores difundidos por el público. Para muchos fue difícil ignorar el hecho de que los masones compartían una visión extrañamente parecida a los incipientes ideales de democracia de la nación y a la reorganización de las relaciones sociales. De ahí que muchos comenzaron a sospechar que lo masones eran marionetas de la revolución americana.

Para empezar, se asegura que muchos de los líderes de la revolución, incluyendo a Benjamín Franklin, Jorge Washington, Samuel Adams y Alejandro Hamilton, fueron masones en alguna época. Con la supuesta influencia de estas celebradas personas, el número de los masones en la nación creció exponencialmente. Hacia 1779, había aproximadamente 21 logias solo en Massachusetts. En las siguientes dos décadas, ese número casi se triplicó.

Teniendo esto en cuenta, los historiadores modernos pronto encontraron fallas en estas afirmaciones. En primer lugar, no se han encontrado pruebas que sugieran que Tomás Jefferson, John Adams, James Madison, Richard Henry Lee o Hamilton—todos aquellos cuyos nombres se habían enfatizado—fueran masones. Por el contrario, los historiadores insisten en que los que propagaban esos rumores estaban "exagerando enormemente" la influencia de los masones en la revolución. Más aún, de los 56 que firmaron la Declaración de Independencia, solo 8 o 9 han sido verificados como masones, otra figura que ha sido distorsionada peligrosamente a lo largo de los años.

Aproximadamente un siglo más tarde, el escritor Joseph Fort Newton presentó otra apasionante teoría. Newton dijo que fueron los masones los que orquestaron el Motín del Té de Boston. Según esta teoría, la mayoría de los atacantes de las embarcaciones pertenecían a una facción masona conocida como el *"Caucus Pro Bono Publico,"* y según se cree planearon su conspiración en la taberna El Dragón Verde. El 16 de diciembre de 1773, estos masones rebeldes, acompañados por Samuel Adams y los Hijos de la Libertad, muchos de ellos disfrazados de indios mohicanos, se escabulleron en la noche. Se subieron a un barco de Boston, lo incautaron, y lanzaron 342 baúles de té por la borda. Entre los rebeldes a bordo estaba Paul Revere, que más tarde se convirtió en Gran Maestro de la Logia Provincial de Massachusetts, lo mismo que Thomas Crafts, John Hancock y Joseph Warren, todos ellos masones confirmados.

Revere

Hancock

No obstantes los rumores, el número de los masones en Estados Unidos siguió experimentando una gran tasa de crecimiento. A finales del siglo 18, la nación vio un aumento de logias independientes. Las logias verdes se dieron cuenta de que la documentación para las autorizaciones era muy cara y que requería mucho tiempo, ya que la Gran Logia más cercana estaba en la madre patria. Sin desanimarse, estas logias iniciales comenzaron por su propia cuenta, y solamente pedían autorización cuando estaban seguros de que su comunidad iba a durar por lo menos una década.

El 13 de octubre de 1792 marcó otro momento fundamental en la historia de la masonería. Ese día, Jorge Washington, el primer presidente de los Estados Unidos, con la ayuda de Joseph Clark, el Gran Maestro de la Logia de Maryland, puso la primera piedra del Capitolio de los Estados Unidos en una ceremonia masónica. También participó un trío de Venerables Maestros, llevando ofrendas de maíz, vino y aceite, inspirados en los regalos de Salomón. Hacia el final de la ceremonia, Washington recogió paladas de tierra con un palustre masón, y enterró la loseta con el diamante simbólico. El delantal y la faja de Washington están todavía en la Gran Logia Masónica de Pensilvania. El palustre se usaría después para las ceremonias de primera piedra de otros edificios históricos, incluido el monumento a Washington y el edificio Herbert Hoover.

Grabado de 1870 que muestra a Washington como el Maestro de su Logia

A comienzos del siglo 19, se calculaba que había 16.000 masones en los Estados Unidos. Hacia 1822, ese número se había disparado a 80.000. Para poner esto en perspectiva, esto era aproximadamente el 5% de los solteros elegibles en los Estados Unidos.

Los anti masones

"Lo que hemos hecho solo para nosotros mismos muere con nosotros; lo que hemos hecho para los demás y para el mundo permanece y es inmortal"—Albert Pike

Parecía que el movimiento masón en Estados Unidos había alcanzado la cima, pero todo ese trabajo denodado comenzaría pronto a desenmarañarse.

William Morgan nació en 1774 en la encantadora ciudad de Culpeper, Virginia. Él fluctuó entre la pobreza y la clase media baja toda su vida, trabajando inicialmente como un simple albañil antes de abrir su propio pequeño negocio en Richmond. Durante toda su vida, la credibilidad de Morgan había sido siempre cuestionada por sus compañeros. Alguna vez había alardeado ante sus amigos y su familia de que había servido como capitán en la Guerra de 1812. En tanto que muchos de los que lo rodeaban lo elogiaban por su servicio, los historiadores modernos no están todavía muy seguros; es verdad que muchos soldados llamados "William Morgan" estaban en las listas, pero ninguno de ellos estuvo siquiera cerca de ser capitán. Hay muchos que dudan de que Morgan hubiera siquiera servido en la guerra.

En 1819, Morgan, de 45 años, se enamoró de una deslumbrante belleza de 16 años llamada Lucinda Pendleton. La pareja se echó el nudo ese mismo año. 2 años más tarde, los recién casados empacaron sus pertenencias y se dirigieron al norte, a Canadá, donde se asentaron. Allí, Morgan administró su propia fábrica de cerveza, hasta que se presentó un incendio que arrasó todo a su paso.

Morgan

Destruido, Morgan hizo el lento recorrido de regreso a los Estados Unidos. En esta oportunidad se radicó en Nueva York, acampando primero en Rochester y, más tarde, en Batavia. El amargado Morgan se fue de nuevo para el fondo y se vio obligado a regresar a su profesión de albañil con un sueldo bajo. Perdido y descorazonado, Morgan se lanzó a beber en abundancia y a jugar irresponsablemente, pero las cosas, en lugar de mejorar, empeorarían terriblemente.

Cuando estaba en Canadá, Morgan había alardeado de ser un Maestro Masón ante todo el que quisiera escucharle. Fue aquí donde las historias discrepantes de Morgan difuminaron una vez más las líneas entre la verdad y la ficción. Aunque hay algunos registros de visitas de Morgan a capítulos masones de Virginia, lo que no se ha podido confirmar es si de hecho fue o no iniciado.

Lo que sí se confirmó fue que más tarde se le negó entrada al capítulo de Batavia. Algunos miembros de la logia de Batavia citaban un rechazo general al carácter de Morgan como la razón para esta rara negativa, mientras otros expresaban sus reservas acerca de sus verdaderas raíces. Aún con este pasado manchado, Morgan fue aceptado en la logia vecina de La Estrella Occidental de Le Roy, Capítulo # 33, donde recibió el grado de Maestro Masón del Arco Real. Como es apenas lógico, si Morgan había de hecho completado los previos 6 grados es algo que todavía se debate.

En 1826, Morgan trató de organizar un capítulo masónico en Batavia, pero se le negó este derecho. Como respuesta, el enfurecido Morgan se lanzó a la calle y anunció la pronta aparición de su nuevo libro, *Ilustraciones de la Masonería,* una completa revelación que prometía exhibir los sucios detalles de los rituales secretos y conocimientos esotéricos de la sociedad. Para atraer más la atención, Morgan aseguraba que David Miller, editor de un periódico local, le había adelantado una buena cantidad de dinero.

Pocos días después del gran anuncio, Morgan fue arrestado y puesto tras las barras por morosidad en el pago de una deuda de miserables £2.60 (aproximadamente $ 459 dólares americanos de hoy). Se dice que durante varias semanas los masones hicieron todo lo posible por hacerle cambiar de parecer. Trataron varias veces de razonar con él, y aún llegaron hasta el extremo de prenderle fuego a la imprenta local, pero sin lograr ningún resultado.

Entonces llegó el día fatídico. En las primeras horas de la noche, un grupo de asaltantes se escurrió en la cárcel con asombroso sigilo. Morgan, que roncaba tranquilamente, fue despertado abruptamente mientras los asaltantes lo sacaban a rastras de la celda y lo lanzaban a un carruaje. Se dice que cuando el caballo galopaba por las calles hasta perderse de vista, un testigo oyó los gritos de Morgan rompiendo el silencio—"¡Asesinos, asesinos!" Algunos dicen que Morgan fue desterrado a Canadá, mientras otros sospechan lo peor. Cualquiera que sea el caso, a Morgan nunca se le vio más.

Assassinat de William Morgan, journaliste de New-York, qui, reniant la Franc-Maçonnerie dont il avait fait partie, répara vaillamment sa faute en publiant, le premier les rituels de la secte (13 septembre 1826).

Representación del asesinato de Morgan

Los perturbadores actos continuaron. Los testigos desaparecían rápidamente, sufriendo destinos extrañamente similares. Finalmente, un grupo de cuatro masones locales fue capturado y acusado del secuestro y asesinato de Morgan. Aún el nombre de DeWitt Clinton, un senador norteamericano y sexto gobernador de Nueva York, apareció en la confusa colada de acusaciones. A su debido tiempo, la corte, que no pudo encontrar evidencia creíble de un vínculo entre los supuestos perpetradores y el crimen, no tuvo alternativa distinta a liberarlos.

Clinton

El público, en particular el de Nueva York y estados vecinos, se volteó contra los masones y los residentes iniciaron una serie de brutales protestas contra la sociedad. Esta indignación trajo como resultado una salida masiva, en la que los miembros escapaban por montones. La mitad de las logias en Maryland fueron clausuradas. Las cosas no iban mejor en Nueva York. En 1827, 227 logias estaban bajo jurisdicción de la Gran Logia de Nueva York. En un espacio de 8 años, ese número se desplomó hasta 41.

Thurlow Weed, un ávido crítico de Andrew Jackson y de los masones, formó poco después el partido Anti-Masón. El partido consiguió el apoyo público de varios políticos influyentes, incluido William H. Seward y aún del presidente John Adam. El presidente era tan opuesto a los masones que más tarde publicó un libro, *Cartas acerca de la Institución Masónica,* en el cual afirmaba enfáticamente, "Creo consciente y sinceramente que la Orden de la Masonería… es uno de los mayores males morales y políticos bajo los que se debate hoy en día la Unión…"

Weed

En 1832, el Partido Anti-Masón jugó un polémico papel en la selección de William Hirt, un presunto masón que había defendido la fraternidad en múltiples oportunidades, como su candidato presidencial. El día de la elección, el partido recibió solo 7 votos electorales, y hacia 1835, el partido Anti-Masón se había disuelto en todos los estados, con excepción de Pensilvania.

Hacia fines de la década de 1850, el movimiento masón estaba de nuevo avanzando. Al comienzo de la Guerra Civil en la década de 1860, el número de los masones americanos se había disparado de 66.000 a 200.000 entre las 5.000 logias dispersas por todo el país. Durante la guerra, comenzaron de nuevo a circular las historias de amor fraterno en la sociedad. Estos valientes soldados masones, según se dice, atendieron a los prisioneros de guerra y a los heridos de los ejércitos rivales que pertenecían a la misma fraternidad.

Poco después de terminar la Guerra Civil, los masones, junto con otras fraternidades, llegaron a la "Edad de Oro de la Fraternidad." La revitalización del movimiento fue posible gracias a Albert

Pike, un hombre corpulento, de 300 libras de peso y de más de 6 pies de estatura, con una barba larga y abundante, tan blanca como la nieve. Pike llamó a la fraternidad a reparar ante el público su dañada imagen, enfocándose ahora hacia la filantropía. Esto funcionó como por arte de magia. En 1872, Pike publicó *Moralidad y Dogma*, con un recuento de la historia de la masonería y del conocimiento esotérico escondido en la sociedad. Se introdujeron 33 nuevas iniciaciones y procedimientos, inspirado todo en una mezcla de astronomía, antiguas verdades religiosas y tradicional mitología masónica. Eventualmente, Pike llegaría a ser una figura alrededor de la cual girarían futuras conspiraciones y denuncias, muchas de las cuales insistían en que sus obras contenían ocultos elementos de racismo y de prejuicios.

Pike

Cismas, intrigas y masones modernos

"Asegúrese de que sus palabras más sabias sean aquellas que no pronuncia." –Robert W. Service

Eventualmente, el movimiento masón se extendería por todo el mundo, pero su impacto en Francia sería uno de sus más resonantes triunfos. A comienzos del siglo 19, se calculaba que había 10.000 masones en Francia. A finales de ese siglo, el número se había duplicado, y hacia 1936, ese número se había elevado enormemente: 60.000.

Al principio, la sociedad había seducido a hombres librepensadores que se habían sentido atraídos por el aspecto místico de los masones. A muchos les encantaba socializar con gente de sus mismas ideas, que usaban llamativas vestimentas, y se interesaban por esos rituales elaborados y emocionantes. En los años siguientes, a medida que se desarrolló la cultura masona en Francia, la sociedad se convirtió en eje central de la política y los negocios en ese país.

Gradualmente, los masones franceses se desviaron de la ideología primaria de la sociedad: la igualdad social y una vida ética. Fueron entrando más políticos, con otros empleados civiles a remolque, con la esperanza de reunir una plataforma más amplia y de tener mejores oportunidades de ganar una elección o una promoción. Los gerentes de hoteles y posadas también eran parte importante del pastel, buscando aumentar su clientela. Otros comerciantes explotaban la posibilidad de tener una conexión con sus colegas y acumular nuevas oportunidades comerciales. Otra ventaja era el 10% de descuento que cada masón recibía por cada compra o transacción con un hermano.

En un caso de déjà vu, el público francés comenzó a sospechar de los masones. Cuando no podían encontrar respuestas, se las inventaban. Acusaban a los masones de gobernar tras bastidores y de esparcir propaganda que glorificaba la anti-religión y otros puntos de vista materialistas.

Sea lo que sea, los modernos historiadores insisten también en que esos datos han sido adulterados. Si bien es cierto que los masones franceses apoyaron algunos puntos de vista anti-religiosos, son ideas que ya existían mucho antes de que ellos aparecieran. Estas tirantes relaciones alcanzaron su punto más álgido a principios del siglo 20.

En 1904, un partido radical encabezado por el Ministro de Guerra, Emile Combes, llegó a un acuerdo entre bastidores con la Gran Logia del Oriente, de Francia. Como parte del pacto, los masones fueron encargados de espiar a un número de oficiales del ejército, poniendo especial atención en sus puntos de vista religiosos y políticos. Estos espías promoverían entonces una campaña de descrédito contra los católicos. La trama fue eventualmente desbaratada, causando la destitución de Combes en 1905, y la disolución final del partido. Este acontecimiento desafortunado es conocido como el "Affair Des Fiches."

Combes

A su debido tiempo, los masones encontraron un nuevo enemigo en el capítulo inglés. La semilla de la desconfianza, según se dice, había sido sembrada durante una asamblea de la logia Gran Oriente de Francia en 1877, en la que se decidió mediante votación que había llegado el momento de retocar la anticuada constitución. El documento original decía: "Sus principios son la existencia de Dios, la inmortalidad del alma y la solidaridad humana." Ahora dice: "Sus principios son la absoluta libertad de conciencia y la solidaridad humana." La Gran Logia Unida de Inglaterra quedó consternada con la noticia. Rápidamente respondieron, manifestando firmemente que ellos no podían, en conciencia, reconocer fraternidades que negaran la existencia del "Gran Arquitecto del Universo," es decir, Dios o cualquier otro Ser Supremo.

Las volátiles tensiones no hicieron sino empeorar. A los franceses les molestaba la fraternización del capítulo inglés con la corona y la Iglesia Protestante. En el otro extremo, los ingleses estaban furiosos por el descaro de sus hermanos franceses al querer empañar uno de los principios fundamentales de la sociedad—una fe inquebrantable en el Todopoderoso. A pesar de la escandalosa postura de los ingleses en este tema, su afiliación a la Gran Oriente de Bélgica, que también había decidido acentuar la necesidad de mencionar un Ser Supremo en su constitución, permaneció inalterable. Naturalmente, esto no hizo sino tensionar más las relaciones entre las fraternidades.

Ninguno de esos rumores podía compararse con los que aparecieron en la década de 1890. En 1885, un escritor francés, Marie Joseph Jogand-Pagès (seudónimo: Léo Taxil), se convirtió al catolicismo. Esto fue algo especialmente impactante, pues por décadas sus controvertidos puntos de vista anticatólicos habían sido el pan de cada día. Sin dar tregua, los inquietos dedos de Taxil encontraron otro adversario. En esta ocasión, tenía en mente un nuevo archienemigo—los masones. A lo largo de la década de 1890, Taxil escribió grandes cantidades de panfletos y libros, en los que hablaba de los rituales secretísimos de la hermandad. Estas afirmaciones eran más exageradas en cada nueva publicación, centrándose en la supuesta devoción de la sociedad a satanás y otras conductas horripilantes y propias de los cultos; a esto se añadían afirmaciones de supuestos testigos presenciales. Una de las publicaciones de Taxil, *El Diablo en el siglo 19*, dizque fue escrita por una mujer llamada Diane Vaughan que, para poder escribir esto, tomó pare en rituales satánicos. Sus varios encuentros con los demonios del submundo recuerdan los viajes sicodélicos inducidos por las drogas, incluyendo un episodio de un demonio jugando con las teclas de un piano con forma de cocodrilo.

Taxil

Los libros de Taxil se convirtieron inmediatamente en éxitos de ventas, formando una base compuesta casi totalmente de católicos. Cuando Vaughan iba a publicar más obras, sus seguidores le rogaron que se mostrara en público. En abril de 1897, Taxil decidió dar al público lo que pedía y organizó una conferencia de prensa. La multitud esperó con la respiración contenida para encontrarse con que Taxil confesó que había sido él mismo quien había escrito los libros. Lo que fue más asombroso aún, reveló calmadamente que nada de lo que había escrito acerca de los masones era cierto, y procedió a dar gracias a los periódicos católicos por permitirle publicar sus extravagantes historias. Finalmente, admitió que Vaughan había sido solamente una secretaria suya que muy gustosamente le permitió usar su nombre para el prolongado engaño.

Los masones siguen siendo objeto candente de las teorías conspirativas de hoy en día. Fuera de las comunes conjeturas de que son obcecados belicistas que buscan la dominación mundial o reptiles vestidos con piel humana, los masones han sido el foco de multitud de teorías que van de lo desenfrenado y cómico a lo simplemente horroroso.

Una de las más ridículas historias gira alrededor de la Compañía Cervecera Latrobe, con sede en Pensilvania. La etiqueta de una de las cervezas más populares de la compañía, la "Rolling Rock," contiene el número 33 al final de uno de sus textos. Muchos se precipitaron a decir que el 33 era una referencia al Grado 33 de los Ritos Escoceses. Este rumor solo se vino a aclarar en 1986, cuando un periodista descubrió que el 33 indicaba simplemente el número de palabras en la oración y que se trataba solo de un error de imprenta.

Algunos de los que difunden teorías conspirativas aseguran haber hallado algunas asombrosas revelaciones acerca del plano de la ciudad de Washington D.C. La escuadra masónica y el compás, según dicen, son claramente visibles desde el aire. La capital está encima de un compás. Uno de los ejes conecta la capital con la Casa Blanca, y el otro con el monumento de Jefferson. Finalmente, el monumento a Lincoln se une tanto a la Casa Blanca como al monumento a Jefferson, formando una escuadra y completando así el cuadro. Por más verosímil que parezca esta teoría, ha sido rebatida por numerosos historiadores. Según ellos, estas conexiones y diseños son inevitables cuando una ciudad ha sido diseñada siguiendo un sistema cuadricular, y son algo muy común.

Unas cuantas de esas conspiraciones inspiradas por los masones vienen con un cariz enfermizo. Una de las más difundidas teorías sugiere que Albert Pike, cuyas obras han sido catalogadas de propaganda de la supremacía blanca, fue el fundador del nefasto Ku Klux Klan. Mientras teorías similares han sido desbaratadas una y otra vez, todavía se pueden encontrar en algunos sitios del internet.

Otra persona que difunde teorías conspirativas, Billy Morgan, lleva las cosas aún más lejos; asegura conocer el secreto más sucio y oculto de los masones—el ritual de sodomía. Insiste Morgan en que esta es una táctica de control mental, realizada con preferencia en niños de entre 2 y 4 años. Según se dice, el proceso induce bloqueos de la memoria y un viaje sicológico que abre el "Tercer ojo a la iluminación luciferina." Dejando a un lado la atrocidad, los historiadores modernos concuerdan en que estas afirmaciones son completamente ficticias y difamatorias, difundidas por mentes de una imaginación corrompida.

Hoy en día, los masones, con sus centenares de grupos afiliados alrededor de mundo, continúan avanzando, donando cada año cientos de millones de dólares a organizaciones de caridad. Los masones han fundado logias en cada continente, con excepción de la Antártica. En el 2016, la Gran Logia Unida de Inglaterra reportó un cuarto de millón de masones bajo su mando, y un total de 6 millones en todo el mundo, con aproximadamente 2 millones de ellos en los Estados Unidos.

Se puede decir con seguridad que, sin importar lo que el público piense de ellos, el legado de los masones continuará por siempre.

Foto de I. Saliko del interior de una logia masónica en Florencia

Anteriores sociedades secretas

"De todas las iluminaciones que la razón humana pueda brindar, ninguna es comparable al descubrimiento de lo que somos, nuestra naturaleza, nuestras obligaciones, de cuánta felicidad somos capaces alcanzar, y cuáles son los medios para conseguirla." – Adam Weishaupt

Una siniestra guarida subterránea. Una mesa brillante, opulenta, rodeada de misteriosas figuras con sus rostros ocultos bajo las capuchas de sus hábitos. Tortuosas iniciaciones con el fondo sonoro de un coro de hermanos. Gracias a la cultura pop y a siglos de contenido mediático, estas son con frecuencia las imágenes que vienen a la mente siempre que las sociedades secretas surgen en una conversación.

En la misma onda, un gran número de teóricos de la conspiración y expertos de sillón se han encargado por décadas de explotar estas nociones. Al investigar a cualquier sociedad secreta, supuesta o verdadera, uno debe estar listo para discernir, a través de un abrumador espectro de habladurías, que puede ser especulativo, o anecdótico en el mejor de los casos. De los miembros de estas tremendas sociedades subterráneas suele afirmarse que son los infames que mueven los hilos entre bastidores tras el telón de la sociedad; los acusados de ser la tiranía entre bambalinas y de manipular los hilos de la guerra, la economía, el gobierno, las relaciones internacionales, y demás elementos que moldean al mundo de hoy.

Por supuesto, esto no quiere decir que las sociedades secretas sean simplemente frutos de la imaginación. Ellas son, de hecho, muy reales, y mientras la civilización ha existido, es sabido que la gente ha producido grupos de miembros selectos que persiguen la misma visión.

Pero, ¿qué constituye una sociedad secreta? Primero y principal, como su nombre lo indica, sus componentes primarios son el secreto y la exclusividad. Estos grupos con frecuencia se sirven a sí mismos, por tanto, sus enseñanzas y "verdades" esotéricas solo están disponibles para los miembros de su orden. Aquellos que desean ingresar a estos clubs privados deben a menudo jurar lealtad de por vida, luego de probar su valor para ganar un lugar en la comunidad encubierta.

Uno de los más antiguos ejemplos de estas hermandades subrepticias emergió hace más de 2.6 millones de años, durante el Período Paleolítico. Una secreta cofradía de construcción de botes conocida como la "Hermandad de Tomol" surgió en medio de los Chumash, una tribu de cazadores-recolectores con base en California. Los Chumash vivían cerca del agua y por tal razón dependían de los recursos marinos para sobrevivir. Dados los limitados medios de transporte de esta época, poseer una canoa, o un tomol, era una de las formas más lucrativas de ganarse la vida.

Los tomols eran construidos con madera de secoya y pino. Para el ensamblaje de estas primitivas construcciones navales se empleaba brea endurecida; la superficie se lijaba con piel de tiburón, para luego revestirla de una capa de pintura, y adornarla con mosaicos de concha. No hay ni que decir que estos botes eran muy costosos, y solo estaban al alcance de los más pudientes. Por tal razón, los pocos artesanos y operadores de canoa que poseían el conocimiento para construir tomols de calidad, se unieron y prometieron mantener los detalles del negocio entre ellos y para sus hijos, excluyendo al resto de la población. Así nació la primera sociedad secreta. La hermandad mantuvo el monopolio sobre el transporte tomol y por ende, sobre los negocios locales relacionados, de tal modo que las sustanciales ganancias quedasen para ella.

Las sociedades matriarcales del Neolítico trajeron una nueva camada de estas secretas cofradías. Para muchas de estas tribus, lo tradicional es que un hombre se viniera no solo con su mujer sino con toda la familia de ella. Aquellos que se sentían alienados y emasculados buscaron una manera de alcanzar status uniéndose a una sociedad secreta o comenzando una propia, con la misión puesta en las actividades sobrenaturales y en rendir tributo a los ancestros masculinos. A diferencia de la Hermandad de Tomol, las sociedades neolíticas abrieron sus organizaciones a hombres procedentes de distintos linajes y antecedentes. Los rituales celebrados en estas sociedades promovían el culto de los espíritus, a través de danzas especiales, vestimentas, reuniones periódicas, y ritos.

Con el pasar del tiempo, las sociedades secretas comenzaron a dejar su huella en el Oriente. La primera sociedad secreta china era una organización que se autodenominó "Cejas Rojas", porque, como su nombre indica, los ojos de sus miembros estaban enmarcados con un polvo especial de color rojo. A este grupo, conducido por un líder llamado Wang Mang, le fue acreditado el derrocamiento de la dinastía Han. En la dinastía Yuan, otra sociedad conocida como la "Sociedad del Loto Blanco" fue creada para expulsar a los extranjeros indeseables.

Quizás la más grande y más desarrollada de las sociedades secretas chinas fue la "Sociedad Hong." Una de sus características más distintivas era su estructura jerárquica, que estaba inspirada en los principios familiares del confucionismo. La gran organización estaba dividida en logias, que operaban como sedes principales de las ramas locales. Los grados de los miembros de la Sociedad Hong eran determinados por distintos métodos, como los "Cuadrados Mágicos" y la cosmología china. Esta misma sociedad se convirtió en el modelo principal para otros grupos, como los tongs y los triads, que todavía hoy existen en muchas culturas del Este asiático.

Antes de los Illuminati, la Orden del Templo de Salomón, también conocida como los Templarios o los Caballeros Templarios, fue uno de los grupos más conocidos y al mismo tiempo, de los menos comprendidos de la Historia. Aparecen de forma destacada en novelas (*El Código Da Vinci*); películas (como los Caballeros de la Espada Cruciforme en *Indiana Jones y la última cruzada*) y videojuegos (*Assassin's Creed*). En esas historias, son con frecuencia descritos como un culto siniestro que ha manipulado eventos históricos desde la Edad Media, por la vía de la intimidación y el asesinato. Se les suele conectar con los francmasones y, a veces, con otros cultos históricos como los Thuggees hindúes.

Los verdaderos templarios eran más mundanos y fascinantes que los mitos y leyendas. Ellos fueron la primera orden religiosa militar –monjes que también eran caballeros. Los miembros fundadores eran veteranos de la Primera Cruzada en Palestina y su finalidad principal era, de hecho, positiva. El grupo se formó como una pequeña orden terciaria (laicos que hacían votos monásticos, pero vivían en una comunidad más grande) en Jerusalén, patrullando las rutas de peregrinación y los santuarios del Levante, y protegiendo a los viajeros de los muchos bandidos que infestaban la región. Aunque fueron el núcleo de los ejércitos cristianos durante posteriores cruzadas, los Templarios nunca se apartaron de su finalidad original.

Los Templarios estaban divididos en caballeros (alrededor del 10% de la Orden), sargentos y capellanes (el otro 90%), componiendo los sargentos plebeyos la mayor parte de la Orden, de acuerdo a historiadores como Malcolm Barber en su historia de la Orden, *The New Knighthood* ("Los nuevos caballeros"). Los caballeros hacían el grueso del ejército templario, pero los sargentos al parecer servían como respaldo de los primeros en la batalla, ya fuese como jinetes o como una pequeña fuerza de infantería. Los sargentos también se desempeñaban como sirvientes y en funciones de apoyo no militar en las granjas que daban sostén a la Orden. Los capellanes eran un pequeño grupo de sacerdotes rotados por la Orden periódicamente y daban asistencia religiosa a los monjes.

Al igual que otros grupos secretos, el misterio que rodea a los Templarios ha ayudado a que su legado perdure. Mientras algunos teóricos de la conspiración intentan asociar al grupo a otras supuestas sociedades secretas, incluyendo los Illuminati, otros grupos han tratado de hacer valer conexiones con los Templarios para reforzar sus propias credenciales. Quiénes eran y qué reliquias religiosas tuvieron alguna vez en su poder continúa siendo fuente de intriga incluso en círculos no-históricos.

El sello de los Caballeros Templarios

El Aufklärung y Adam Weishaupt

"En otra situación, y en una época activa de la vida, de haber estado profundamente ocupado, la fundación de una orden nunca hubiera venido a mi mente." – Adam Weishaupt

Entre los siglos XVI y XIX, Europa capeó una marea tras otra de cambio. En 1517, la publicación por Martín Lutero de las "95 Tesis", un documento que bombardeó a la Iglesia Católica con cuestionamientos y críticas hacia sus corruptas operaciones, puso en marcha a la Reforma Protestante. Gracias a Lutero y a otras personas como Jean Calvin y el rey Enrique VIII de Inglaterra, la "autoridad divina" que la Iglesia Católica Romana de Italia tuvo alguna vez a lo largo y ancho de casi toda Europa comenzó a resquebrajarse. Naturalmente, la insubordinación estuvo lejos de ser bien recibida, y disparó una cadena tanto de guerras como de sacudidas sociales y políticas.

Europa fue capaz de experimentar un rápido progreso tecnológico gracias a la invención de la imprenta por Johannes Gutenberg. La gente no salía de su asombro al contemplar la velocidad y la eficiencia de la máquina a medida que producía un panfleto tras otro, facilitando la distribución masiva de los escritos de Martín Lutero. Entretanto, por toda Europa, otros académicos y pensadores comenzaron a enseñar los dientes, desafiando a las antiguas supersticiones, tradiciones, y doctrinas religiosas. Al poco tiempo, sin embargo, la Reforma se desvaneció del panorama.

A pesar de los conflictos, para 1648, Europa ya había dado sus primeros pasos de libertad religiosa. Mientras Italia, Francia y España permanecían católicas, en el resto de Europa surgían núcleos de calvinistas, luteranos, y protestantes; el individualismo y la sed de lógica, por su parte, se diseminaban por el continente. A mediados del siglo XVII, Europa fue catapultada al período conocido como el Iluminismo, una época decisiva de avance cultural e intelectual que generó otras denominaciones, incluyendo la Edad de la Razón, la Revolución Científica, y el Neoclasicismo. Hacia el final del siglo XVII, Prusia y Baviera se habían enganchado al tren.

El movimiento también se manifestó en Prusia y Alemania, pero allí, fue conocido como el "Aufklärung." La primera figura alemana en destacarse fue el matemático Gottfried Wilhelm Leibniz, que saltó a la luz pública cuando él e Isaac Newton, de manera simultánea pero independiente, descubrieron el cálculo. Ambos se convirtieron en rivales cuando los desacuerdos sobre quién lo había descubierto primero no pudieron ser resueltos. Más tarde, Leibniz metió los dedos de los pies en las aguas de la metafísica. Acuñó el término "mónada," usado para describir a los "átomos espirituales." Muchos se burlaron de su extraño enfoque de la ciencia, pero sus trabajos marcaron el camino para otros intelectuales que vinieron después.

Leibniz

Entre los grandes pensadores, los más espirituales se esforzaron por cambiar sus puntos de vista para así poder abrazar tanto a la ciencia como a la religión; muchos materialistas, en cambio, aquellos que creían firmemente que la materia física determinaba cada aspecto de la vida, rechazaron por su parte la religión. Al mismo tiempo, parecía ser una era dorada para caracteres firmes y tenaces que escogían aventurarse incluso más allá de la norma. Estas almas valientes comenzaron a formar sus propias redes de sociedades secretas.

Enclavada entre los pintorescos valles y los exuberantes campos de Baviera, por entonces un reino, se hallaba una agradable ciudad que tenía por nombre Ingolstadt, y el 6 de Febrero de 1748, Adam Weishaupt se unió a la creciente población de la floreciente ciudad. Los padres de Adam, otrora judíos ortodoxos, se habían convertido a la fe católica romana, y poco después de su primer día en el mundo, lo bautizaron. Los padres de Adam, que toda su vida habían asistido a escuelas judías tradicionales, querían un cambio para sus hijos, así que tan pronto como Adam pudo caminar, fue inscrito en una escuela monástica.

La relativamente feliz infancia de Adam tuvo un giro desolador cuando su padre, Johann Weishaupt, murió súbitamente mientras estaba de vacaciones en 1753. Un colega de Johann, Johann Adam Freiherr von Ickstatt, profesor en la Universidad de Ingolstadt, y padrino de Adam, intervino de inmediato y se llevó a Adam, entonces de cinco años, a su casa.

Adam fue sacado de la escuela monástica, y cuando cumplió los siete años, comenzó su educación formal en un establecimiento a cargo de los jesuitas. A temprana edad, el muchacho había aprendido el checo y el hebreo, gracias a su padre, pero sus perspicaces maestros comenzaron a notar su afinidad natural con el lenguaje. Adam cursó griego, latín e italiano, y según maestros y tutores, sobresalió en los tres. Con toda razón, sus mayores aspiraban a verle poner su facilidad para aprender idiomas, al servicio de una vida de trabajo misionero más allá del océano. Pero como se vio después, el joven tenía otros planes.

No había dudas de que Adam era excepcionalmente brillante. Con solo quince años, fue admitido en la universidad, el alma mater de su padre y de su abuelo, graduándose cinco años más tarde con un doctorado en leyes. A lo largo de su infancia y su adolescencia, Adam gozó de un libre acceso a la vasta y diversa biblioteca de Ickstatt, que se preciaba de contener al menos 4.200 títulos; sin embargo, a medida que el bibliófilo asimilaba página tras página de obras controversiales, firmadas por los más grandes filósofos europeos, fue distanciándose no solo de los conservadores jesuitas, sino también de la religión en general. Ello alimentó su atracción hacia otro mundo de intereses, que incluían la historia, las leyes, la política, los negocios y la filosofía.

Doblándose las mangas, Adam regresó a la universidad y comenzó a trabajar, y en un lapso de solo cinco años, comenzando desde el año de su graduación en 1768, ascendió por la escala. Sin ser nadie para tomar atajos, se inició desde abajo como tutor, pero en cuestión de meses, fue promovido a instructor asistente y de allí hasta la cátedra de derecho canónico. Con este último ascenso, Adam interrumpió la larga línea de jesuitas que durante noventa años habían detentado esa posición antes que él, lo que rápidamente causó contrariedad dentro de la comunidad jesuita.

Con todo, la buena racha de Adam estaba lejos de terminar. En 1775, cuando el joven de 27 años de edad fue nombrado decano de la Facultad de Derecho, los jesuitas se atragantaron y pegaron un puñetazo en la mesa. Los jesuitas ya no lo soportaban. Irrumpieron en la sala del consejo de la universidad y exigieron que el sueldo de Adam fuera retenido hasta que él se sometiera a los principios de la universidad. Adam, argumentaron, era un "librepensador" que amenazaba los cimientos de la universidad con puntos de vista peligrosamente opuestos que no tenía escrúpulos en difundir... Lo peor de todo, Adam había estado promoviendo activamente ideas acerca del Aufklärung, un movimiento que había sido censurado y prohibido por las autoridades.

Grabado de un retrato de Weishaupt

En lugar de retractarse, Adam contraatacó lanzando sus propias investigaciones y hurgando los antecedentes del grupo de jesuitas para hallar cualquier sucio asunto que pudiera exhibir ante el consejo. Como es de suponer, la animosidad de Adam hacia los jesuitas y la religión se volvió más enconada, y siempre que encontraba un obstáculo en el camino, recurría a las palabras de uno de sus pensadores predilectos, Juan Jacobo Rousseau. Él podía citar a Rousseau de memoria, pero una frase en particular siempre fue su favorita: "La única cosa que uno está obligado a enseñar a las niños es que ellos nunca deben someterse a nadie."

Rousseau

Después de renunciar a la iglesia, Adam comenzó a indagar sobre las sociedades que podían compartir sus novedosas ideas. En un viaje a Munich, conoció un capítulo de los francmasones, y por corto tiempo, se paseó por las enseñanzas masónicas. Inicialmente, Adam se había sentido intrigado por sus ceremonias, pero pronto concluyó que la mayoría de los francmasones no tenía idea sobre el verdadero significado que había detrás de las ceremonias, rituales y objetivos.

Como un bonito zapato que no calza en su pie, Adam descartó a los francmasones porque era una sociedad demasiado verde y costosa. Más aún, afirmó que era demasiado "accesible" al público para su gusto. El gurú de corazón se trazó entonces la misión de crear una red invisible de escuelas de "sabiduría", una red que promoviera la forja de la moral, el progreso científico y humano, y la felicidad definitiva.

Era tiempo de tomar el asunto en sus manos.

Dentro de los Illuminati

"Fue la plena convicción sobre esto, y de que podía ser hecho, de que si cada hombre fuese colocado en el cargo para el cual estaba calificado por su naturaleza y educación, lo que en primer lugar me sugirió el plan de la Iluminación." – Adam Weishaupt

El 1° de Mayo de 1776, un Adam Weishaupt de 28 años de edad, fundó "El Pacto de la Perfectibilidad". Al cabo de un tiempo, decidió que el nombre de la sociedad era demasiado largo y lo cambió por "Ordo Illuminati Bavarensis", – en español, "La Orden de los Iluminados de Baviera". La inspiración de Adam vino bajo la forma de la palabra en español "Alumbrados", al igual que del vocablo francés "Ilumineès". Tuvo la visión de una sociedad secreta tan poderosa que ni siquiera la iglesia pudiera oponerse. Al mismo tiempo, Weishaupt creía que, "de todos los medios que conozco para conducir a los hombres, el más efectivo es un misterio oculto".

Solo cuatro hombres se presentaron para la primera reunión de los Illuminati, pero Weishaupt no se desanimó. Los presentes eran sus antiguos alumnos, Franz Anton von Massenhausen, y Max Elder von Merz, junto a dos rostros nuevos: los estudiantes de leyes Andreas Sutor, y Bauhof. Al cabo de una fructífera reunión, Weishaupt simpatizó con estos jóvenes, y se persuadió de que ahora tenía los ingredientes para poner en marcha la operación. En esta etapa, su lastimoso y pequeño círculo de seguidores puede haber sido solo una semilla, pero prometía convertirse en un árbol cuyas gruesas ramas se extenderían muy lejos.

La banda de cinco hombres comenzó a reunirse con regularidad y eventualmente diseñaron su primer escudo, un medallón con guirnalda que lucía la figura del mochuelo de Minerva. El mochuelo, un símbolo de la sabiduría, posado encima de un libro abierto. Tiempo después, la insignia sería modificada para incluir las "PMCV" sobre las páginas del libro. Estas letras eran las iniciales de "*per me caeci vident*," que significan "a través de mí, el ciego ve."

Moneda antigua con el mochuelo de Minerva

Como siguiente paso de la empresa, los hombres crearon una sólida visión de su organización. Uno de los primeros panfletos listaba sus objetivos: "Estimular una visión humana y sociable... apoyar a la virtud donde pueda estar amenazada u oprimida por el vicio... promover el progreso de toda la gente y acoger y beneficiar a aquellos faltos de educación." Adam también había prometido a sus seguidores que "aseguraría ciertas recompensas" además de "protegerlos de la persecución, el infortunio, y la opresión, y atar las manos de cualquier tipo de despotismo". Por encima de todo, cada uno convino en hacer todo lo necesario para promover y hacer crecer el movimiento Aufklärung.

La estructura de los Illuminati de Baviera fue una calculada mezcla de organizaciones ya establecidas, incorporando principios jesuitas y masones, junto a la fascinación por los rituales del antiguo Egipto y culturas parecidas. Manteniéndose fieles a su juramento de una vida de secretismo, cada miembro recibía un seudónimo asociado con alguno de los más grandes pensadores y guerreros griegos y romanos. Weishaupt iba a ser conocido como "Espartaco," o "Hermano Espartaco." Al resto de los miembros, Massenhausen, Bauhof, Merz, and Sutor, se les dieron los nombres de Áyax, Agatón, Tiberio, y Erasmo respectivamente. A la sociedad como un todo se le dio su propio código en papel – una "O" mayúscula con un punto en el centro.

Aunque Adam insistió en excluir todo aspecto religioso de los Illuminati, modeló su organización de acuerdo a la estricta jerarquía jesuita. Había tres niveles primarios en el sistema piramidal de grados, que más adelante se dividían en trece diferentes grados. Cada nuevo miembro empezaba en el nivel inferior, donde sus mentores y espías, llamados "escrutadores," lo observaban como un halcón a su presa. Solo aquellos que poseían la habilidad y la determinación ascenderían gradualmente por la escala.

El nivel inferior, conocido como la etapa de "Novicio" o "Primero", estaba compuesto por cinco grados – Guardería, Preparación, Novicio, Minerval, e Illuminatus Minor. Al nivel intermedio se referían como "Minerval", y como algunas fuentes afirman, la etapa "Masón". Este nivel agrupaba dos subdivisiones. La primera era el "Aprendiz Simbólico," que a su vez se dividía en dos grados – Compañero de Oficio y Maestro Francmasón. La subdivisión superior era la "Escocesa," con los grados de Illuminatus Major e Illuminatus Dirigens.

El último nivel era el más estimado de todos, conocido como el "Minerval Iluminado", o "Misterios". Al igual que el segundo nivel, el ápice del triángulo se dividía en dos, el "Menor", y el "Mayor". El grado Menor se componía de Sacerdote y Regente, en tanto el segundo agrupaba los nombres de los tres jerarcas de la organización – el Magus, el Rex, y por último, el Rey, o Areopagita.

El candidato perfecto para ser miembro principiante de los Illuminati poseía inteligencia y capacidad de juicio, con una indoblegable disposición a aprender, y una fidelidad a sus valores y principios morales. Al igual que las sociedades secretas del Oriente, los Illuminati enfatizaban la importancia del respeto a los mayores, así que los Novicios que estaban en el nivel más bajo eran mantenidos intencionalmente en la oscuridad. A los Novicios solo se les permitía interactuar con el hermano que los había propuesto para ingresar en la orden. Se esperaba de los Novicios que mantuvieran una actitud respetuosa hacia sus mentores mientras estuvieran bajo su sombra. También se les asignaban deberes específicos, como escribir un informe exhaustivo sobre sí mismos, para ser depositado en los archivos de la sociedad. Esto incluía anotar todo acerca de ellos mismos, desde su árbol genealógico hasta los nombres de sus enemigos, además de los títulos y autores de los libros que poseían en sus bibliotecas personales. Los mentores de los nuevos reclutas tenían también la tarea de elaborar informes mensuales de progreso, en los que incluían notas sobre sus contribuciones y los "beneficios" alcanzados gracias a su nuevo curso de estudio.

Durante tres años, los mentores del reclutado respiraban en su nuca, y solo aquellos que perseveraban alcanzaban el grado de Illuminatus Minor. Era en este punto que a los reclutas se les permitía conocer un poco mejor los objetivos de la sociedad, y como una pequeña recompensa de graduación, se les asignaban sus propios seudónimos.

Aquellos que ascendían a los grados Minerval eran obsequiados con pendientes especiales de platas, o "sellos Minerval", que mostraban el escudo de los Illuminati. Este nivel de adoctrinamiento presentaba, pero no explicaba completamente, las motivaciones del "Rey" y su círculo más cercano. Los iniciados hacían varios juramentos con respecto a su compromiso de ayuda y progreso de la humanidad, al igual que un segundo voto de silencio, y una ciega obediencia a sus superiores. Para incentivar a los iniciados Minerval a que perseveraran en el largo viaje, se les concedían entrevistas a solas con miembros superiores con los que nunca hubieran soñado en su status anterior.

Solo los más estelares de los iniciados Minerval trascendían a sus pares y ganaban sus muy codiciados lugares en el nivel de Misterios. Estos miembros escogidos se aplicaban a estudios más profundos y exhaustivos en distintos campos de la humanidad, y cada Minerval Iluminado era responsable de hacer un pequeño seguimiento del lote entrante de nuevos iniciados Minerval. Aquí, el Illuminado entendía que quienes se hallaban en la base de la pirámide eran una especie de conejillos de indias, sobre los que se probaban técnicas experimentales "académicas" que se aplicarían a la población en el futuro. A cada miembro de la nueva cohorte del grado Minerval Iluminado se le brindaba la más grande de las celebraciones; las fantasiosas ceremonias, con velas, túnicas y rituales crípticos, que aseguraban su lugar en el nivel más alto de la orden.

Desde la inserción en el grupo, el ascenso a la cima estaba lleno de obstáculos de todas las formas y tamaños, y a medida que la comunidad se expandía, el lenguaje secreto dentro de la sociedad se fue desarrollando. A las ciudades europeas se les dieron nombres claves, tales como "Grecia" para Baviera, "Atenas" para Munich, "Tebas" para Frankfurt, y "Esparta" para Ravensberg. Los números fueron añadidos al glosario, asignándoles un sistema más complejo de jeroglíficos y letras tomadas del alfabeto inglés.

Se dijo que toda una cultura de gestos, palabras de paso, y apretones de manos secretos surgió también en cada nivel. Los Novicios y otros aprendices, considerados todavía extraños al grupo, no tenían asignada ninguna contraseña. Para saludar a un compañero Illuminatus Minor, estos hermanos doblaban los dedos y tamborileaban sobre el dorso de la mano del otro con su pulgar tres veces. Un saludo alternativo era simplemente colocar el pulgar y el índice a la altura de la oreja.

De los Regentes de los Misterios Menores se decía que eran mucho más cordiales unos con otros. Cuando los Regentes se encontraban, debían intercambiar la contraseña "Redemptio", que en latín significa "redención." Se saludaban con las palmas abiertas, y tomando los codos del otro.

Añadiendo otra capa a la legitimidad de la orden, rituales particulares se hicieron parte de cada graduación. Las ceremonias de iniciación Minerval tenían lugar en una habitación pequeña, vacía, con todas las ventanas cerradas. La única fuente de iluminación eran tres lámparas de aceite con una tela verde encima de ellas, bañando la estancia con un extraño brillo verdoso. Los iniciados eran dejados para que reflexionaran en la oscuridad por un período de quince minutos, y se les hacía prometer "silencio eterno" y "lealtad inviolable" a la orden, así como también "ciega obediencia" a sus superiores. Finalmente, debían confirmar que comprendían y acordaban aceptar cualquier castigo que cayera sobre ellos si llegaran a romper el contrato verbal. Al final de la ceremonia, la contraseña era revelada.

Los rituales de los Illuminatus Minors y Majors eran menos elaborados. Los nuevos Illuminatus Minors del nivel Guardería eran objeto de un interrogatorio al estilo jesuita, en el que los superiores interrogaban al candidato sobre sus intenciones y qué suponía sería su contribución a la sociedad. Aquellos que pasaban eran premiados con medallones, claves y un apretón de manos especial – su primera señal de verdadero reconocimiento en la orden. Las responsabilidades asociadas al escrutador pasaban a las manos de estos iniciados, y por consiguiente se esperaba que en lo sucesivo estuvieran atentos a los miembros de grado Minerval.

A pesar del escaso número de personas que en principio se habían unido a la sociedad, el grupo continuó creciendo de manera constante en la siguiente década. Quizás una de las razones detrás del crecimiento de los Illuminati de Baviera fue el tratamiento justo y juicioso del líder hacia sus subordinados. Como ejemplo, no importó que Sutor hubiera sido uno de los cinco fundadores cuando fue removido de su puesto y expulsado de por vida por no haber cumplido con sus responsabilidades. Apartando este raro caso de "indolencia," un grupo clave de los más antiguos en la sociedad ganaría la confianza de Weishaupt.

Individuos influyentes de la sociedad comenzaron a unirse, incluyendo nobles. Uno fue el Barón Adolph Freiherr Knigge, alias "Filón". También lo hizo Franz Xaver von Zwack, perteneciente a la alta nobleza, conocido por sus hermanos como "Catón". Otro era Jakob Anton von Hertel, un profesor muy apreciado de la Universidad de Ingolstadt que se llamaba así mismo "Mario". Luego, estaba la semi-celebridad adinerada, Thomas Maria Barón de Bassus, nombre clave "Aníbal". Estos miembros serían los instrumentos para el reclutamiento y el establecimiento de bases por todo el continente.

Thomas Maria Barón de Bassus

Zwack

Cuando la sociedad fue fundada, Massenhausen, que también pertenecía a los primeros cinco, encabezaba la lista de los reclutadores activos, conocidos como "insinuadores". En el primero de sus años como reclutador se hallaba estudiando en una ciudad cercana a Munich, donde conoció a Zwack, que comenzaba a trabajar en la Lotería Nacional Bávara. Descubrió que Zwack alguna vez había sido discípulo de Weishaupt, y pronto le contó acerca de la entonces novel organización. La curiosidad de Zwack en torno al nuevo proyecto de su antiguo maestro se disparó, y pronto fue persuadido para que dejara su empleo y se uniera a la sociedad a tiempo completo.

El celo de Massenhausen como reclutador sería también la causa de su caída, pues pronto minó su habilidad para conducir un exhaustivo proceso de examen. Sus temerarios reclutamientos no fueron pasados por alto; a menudo otros miembros le acusaban de atraer a individuos sospechosos y poco confiables, muchos de los cuales no tenían educación ni experiencia en el mundo real. Para colmo, la inocultable fama de mujeriego de Massenhausen empañó aún más su reputación, lo que llevó a un decepcionado Weishaupt a llamarlo "negligente." Fue removido de su puesto, y Zwack, uno de sus primeros reclutados, tomó su lugar. Sintiéndose menospreciado, Massenhausen se graduó en 1778 y se marchó, consiguiendo un trabajo fuera de la ciudad y cortando todo lazo con la sociedad secreta. Dos años más tarde, la organización había crecido tan solo a una modesta docena.

Zwack, que había estudiado los errores en las estrategias de reclutamiento de Massenhausen, estaba ansioso de cambiar el rumbo del barco. El nuevo insinuador se aseguró de revisar a fondo la lista de requisitos para los futuros candidatos, invitando a cristianos cabales pero prohibiendo explícitamente la entrada a los paganos, judíos, monjes, mujeres y ex-miembros de cualquier sociedad secreta. También se dedicó a conducir un metódico escrutinio de cada recluta potencial, asegurándose de que sus nuevos objetivos tuvieran mejores antecedentes y que sus edades oscilaran entre los 18 y 30 años. Con la ayuda de sus compañeros, Zwack fue capaz de elevar el número de reclutas a 27 a finales de 1778.

Cuando algunos miembros de la pequeña banda de 27 comenzaron a inquietarse, y hubo rumores de que algunos estaban amenazando con renunciar para unirse a los francmasones, se hizo claro para Weishaupt que la organización se había hundido en la rutina. Entendió que algunas concesiones serían necesarias si quería convencerles para que se quedasen, y como estaba determinado a ver triunfar a la sociedad, aceptó también que todavía le faltaba mucho por aprender. Fue así como Weishaupt hizo a un lado su orgullo y se sumergió en el mundo de la francmasonería una vez más.

Weishaupt viajó a Munich, donde se unió a la logia masónica "Prudencia", y bajo el "Rito de la Estricta Observancia," a Weishaupt se le permitió conocer el interior del capítulo. Durante su paso por allí, donde ascendió al menos tres grados, no se consiguió con nada que no conociera. Zwack, que más tarde supo por un sacerdote que los verdaderos secretos descansaban en lo más profundo de la iglesia, se acercó a Weishaupt y le propuso que la fraternidad participara en una especie de alianza con los ya bien establecidos francmasones. También aconsejó a Weishaupt que hallara una manera de poner en marcha su propia logia oficial, para finalmente convertirse en una organización legítima.

Después de ponderar el consejo de Zwack, el Aeropagita finalmente accedió, y la fraternidad recibió una autorización oficial emitida por las oficinas de la Gran Logia de Prusia. Una vez que toda la documentación necesaria les fue entregada, bautizaron a su nueva logia de Munich con el nombre de "Teodoro del Buen Consejo," rindiendo así homenaje al Elector de Baviera, Carlos Teodoro. Las cintas ceremoniales fueron cortadas el 21 de Marzo de 1779. Tan pronto como los anteriores residentes dejaron libre el edificio a principios de Julio, los Illuminati de Baviera se instalaron en su nueva sede.

Carlos Teodoro

Expansión y reforma

"La raza humana será entonces una sola familia, y el mundo será la morada de los Hombres Racionales." – Adam Weishaupt

"No hay tal cosa como una 'mentira blanca' – no ha habido aún una falsedad dicha, que tarde o temprano no haya tenido consecuencias desafortunadas para todos." – Adolph Knigge, fragmento de *Über den Umgang mit Menschen*

    Zwack estaba en lo correcto; el lugar pronto estuvo lleno con nuevos y emocionados reclutas, y al año siguiente, uno de estos nuevos reclutas llevaría a la organización a nuevas alturas: un hombre llamado Adolph Knigge, conocido en la fraternidad como "Filón". Al diplomático de 28 años de edad, nacido en Hannover siempre le habían fascinado los mecanismos de las sociedades secretas. Ya en su adolescencia, se cita a Knigge diciendo, "Yo también, a una edad temprana, estaba afligido con la gran enfermedad de nuestra era: un anhelo de órdenes y conexiones secretas". Siendo niño, llegó incluso a crear una "sociedad secreta" de su propio cuño e invitó a un puñado de compañeros de clase para que se unieran; los muchachos lucían colgadas del cuello cruces de plata similares y se juntaban para realizar "reuniones secretas," donde formulaban "leyes" que cada uno debía acatar.

Knigge

A diferencia de la mayoría de los miembros de la fraternidad, Knigge no era tan adinerado como el resto. En sus años universitarios, alimentó su fascinación con la historia y las sociedades secretas ingresando a la edad de veinte años en la logia masónica de la "Estricta Observancia", con base en Cassel. Agobiado con obstáculos como la escasez de dinero y las discrepancias con otros miembros de la logia, su progreso en la sociedad masónica fue extremadamente lento. Con todo, el joven Knigge siguió chapoteando y mantuvo la cabeza fuera del agua, cumpliendo con sus deberes y trabajando en favor de sus intereses personales al mismo tiempo.

En 1780, un miembro de los Illuminati que usaba el seudónimo Costanzo fue quien le pescó para la organización. Para entonces, Knigge ya había alcanzado el rango más alto posible dentro de su orden masónica, y estaba relativamente aburrido de todo lo que le rodeaba. Había incluso jugado con la idea de fundar su propia sociedad secreta como siempre había soñado. Por ello, cuando Costanzo le presentó a Knigge unos pocos documentos relativos a las conferencias Minerval, algunos de los cuales coincidían con su propia visión, sus oídos prestaron atención de inmediato.

Tres de los compañeros de Knigge, que también habían estado escuchando, opinaron que las enseñanzas de la fraternidad eran absurdas y "liberales," pero mientras el resto optó por apartarse de Costanzo, Knigge se acercó, ansioso de saber más. Una invitación personal llegó por correo en Noviembre de ese año, escrita por el mismo Weishaupt, y eso lo decidió todo. En la misiva, Weishaupt agradecía a Knigge su interés en la organización y lo llenaba de halagos, particularmente con respecto a su influencia y conexiones con los francmasones. Para endulzar más el asunto, Weishaupt reiteró sus ambiciosos objetivos de unir a la humanidad a través del progreso científico y las acciones filantrópicas. Más aún, prometió ayuda financiera a Knigge para que éste prosiguiera sus estudios de alquimia y otras ciencias.

Armado con años de experiencia, Knigge estaba más que determinado a avanzar dentro de los Illuminati de Baviera. Weishaupt, junto con los "Más Supremos Superiores" de la fraternidad, le confió las responsabilidades de un insinuador. Rebosante de confianza, Knigge se esforzó en cumplir con su cuota.

Incluso antes de que Weishaupt y Knigge pudieran avanzar con su primera colaboración en conjunto para expandir a la sociedad, trabajaron para hacer de los Illuminati una rama oficial de la Francmasonería. Aunque la Logia Teodoro era ahora independiente, el consejo que supervisaba a todas las logias todavía detentaba todo el poder. Solo un miembro de la orden estaba en ese consejo, y eso no era ni de lejos suficiente para tener alguna influencia. Una disputa interna se originó en las logias que estaban en desacuerdo, y en un esfuerzo por poner las cosas en claro, 35 delegados de varias organizaciones se reunieron en una convención conocida como el "Convento de Wilhelmsbad". Entre los asistentes había representantes de los Illuminati, así como también de los capítulos masónicos de Austria, Frankfurt, Zurich, entre otros. Como era de esperar, todos los bandos se enfrascaron en un largo debate acerca del futuro de la orden asimilada dentro de sus logias. Mientras algunos argumentaban que debían regresar a los grados tradicionales de la Francmasonería, otros luchaban por lo que ellos creían era una muy necesitada actualización.

Ninguna alternativa satisfactoria salió de la reunión, aparte de la desintegración de la Estricta Observancia Masónica. Como resultado se impuso la propuesta de Weishaupt de construir una nueva federación desde cero. Bajo esta federación, se requería que todas las logias alemanas se plegasen a un solo sistema, o lo que es lo mismo, les sería permitido manejarse a sí mismas. Con este nuevo sistema, siete logias más de los Illuminati fueron establecidas en menos de dos años.

Fuera de los iniciados ingleses y escoceses, que desdeñaron las ideas de Knigge por considerarlas un bamboleo liberal, Knigge rompió records con su habilidad sin precedentes para reclutar. Nuevos miembros venían en bandadas para unirse a la fraternidad, convencidos por los alucinantes comentarios de Knigge en torno a los prestigiosos Illuminati de Baviera. Mientras permaneció en la fraternidad, se dice que llegó a reclutar al menos 500 miembros.

Sin embargo, no pasaría mucho tiempo antes de que Knigge sintiera que algo olía mal. Dado lo similares que eran Weishaupt y Knigge, que los dos chocaran sus cabezas resultaba inevitable. Los nuevos reclutas comenzaron a enarcar sus cejar, acosando a Knigge con preguntas acerca de a quién exactamente era al que servían. Hasta ese momento, nadie parecía tener algún indicio sobre quiénes eran los miembros de los Supremos Superiores, aparte de Weishaupt, y cuando Knigge fue incapaz de decirlo, muchos comenzaron a sentir desconfianza. Knigge se acercó a Weishaupt en varias ocasiones, y le desalentaba cada vez más que Weishaupt evadiera sus preguntas. En un esfuerzo para distraerlo, Knigge fue encargado de redactar panfletos sobre las normas de reclutamientos, y actualizaciones constantes sobre los cambios más nimios.

Al año siguiente, la paciencia de Knigge estaba casi agotada. Fue solo cuando Knigge amenazó con irse que Weishaupt finalmente se sinceró. Para horror de Knigge, Weishaupt admitió que los "Supremos Superiores" y los textos antiguos relativos al nivel más alto de la pirámide de los Illuminati eran enteramente inventados.

Cuando Knigge se enteró del fraude, se sintió destrozado. Nadie más sabía de en la orden, aparte ahora de Weishaupt y Knigge, que las enseñanzas relativas al más alto nivel de la fraternidad esperaban por ser escritas. Solo la clase inferior, o el "seminario," como Weishaupt lo llamaba, había sido desarrollado. Knigge se dio cuenta de lo extremadamente engañoso que era esto, y cómo declaró en su memoria publicada en un panfleto, se sintió sacudido por la noticia, que había resultado toda una sorpresa. Según Knigge, después que el mismo Espartaco le hubo pedido perdón por el "pequeño fraude," le suplicó lastimeramente. Weishaupt supuestamente dijo, "Desde hace mucho anhelaba valiosos colaboradores para esta gran obra, pero no he encontrado a ninguno, aparte de ti, que penetre tan profundamente en el espíritu de este sistema como tú." Esperando disuadir a Knigge de desertar de la orden, Weishaupt pidió a

Knigge que desarrollara el curriculum para el nivel de los Misterios como mejor lo considerara, prácticamente poniendo en manos de Knigge las llaves de la empresa.

Por un lado, un reacio Knigge estaba escandalizado por la revelación; no solo la organización era más reciente de lo que pregonaba, su líder no parecía tener la menor idea de lo que estaba haciendo. Por otro lado, no podía sencillamente abandonar a los cientos de reclutas que había traído a la orden; estos hombres le admiraban, muchos habían dejado sus carreras para cumplir de manera infatigable una misión que no existía, y no quería decepcionarlos. Además, el agradable y cercano Knigge tenía cantidad de ideas sobre cómo reformar y expandir al grupo, lo que estaba seguro haría bien a la orden.

Así que, Knigge decidió aprovechar la oportunidad y transformar esa misión en realidad. Empezando a hacer una diferencia, Knigge viajó por toda Baviera, así como también por las ciudades de Franconia y Suabia, reuniéndose con miembros de las clases más altas para discutir el nuevo curriculum. Una vez que recopiló todo lo que necesitaba, vació varias docenas de tinteros registrando y organizando las enseñanzas para cada subdivisión y detallando todos los procedimientos y rituales.

A pesar de sus esfuerzos, hacia 1782 una grieta se formó entre Weishaupt y Knigge, y su relación se resintió. Comenzaron a reñir sobre la versión de Knigge del curriculum, y cada uno consideraba el estilo de enseñanza del otro inadecuado. La gota que colmó el vaso llegó cuando el par no pudo llegar a un acuerdo acerca de cómo debían llevarse a cabo las ceremonias; en tanto Knigge abogaba por ritos extravagantes para cada graduación, Weishaupt prefería apegarse al simple esquema que había creado. En 1784, después de apenas cuatro años en la orden, Knigge entregó su renuncia.

Hay relatos contradictorios sobre cómo Knigge abandonó la organización. Algunos, incluyendo el mismo Knigge, insistieron en que él la había dejado silenciosa y amigablemente, y que incluso había continuado alabando la orden y a su fundador después de su partida. Otras fuentes, sin embargo, sostuvieron que la renuncia de Knigge fue cualquier cosa menos amigable. De acuerdo a estos últimos, Knigge hizo un gran escándalo en su último día, denunciando a Weishaupt como un timador que se había montado sobre sus "ilusiones de grandeza", tachándolo de "megalómano" y sucio estafador.

Sea como sea, antes de que Knigge abandonara su puesto, era llamado a menudo para que actuara como mediador entre Weishaupt y otros miembros de la orden. Cuando Knigge se fue, las tensiones eran más fuertes que nunca. La orden amenazaba con deshacerse.

Fue solo durante las reuniones de Knigge con los de más rango en la orden, que sacó a la luz la verdad sobre lo que los asociados de Weishaupt realmente habían estado pensando de él. En los rostros se asomó la molestia al hablar de su pomposo líder. Weishaupt, declaraban, se creía el Mesías de todas las cosas, y solo trataba con aquellos que le adulaban.

Unos pocos miembros de la orden habían comenzado a criticar también a sus superiores. Uno fue el teólogo suizo, Johann Lavater, quien creía que el secretismo de la sociedad era lo que les estaba impidiendo desarrollar sus misiones filantrópicas. También condenó a sus superiores por dejarse llevar por una excesiva tendencia hacia la "insinuación". Otro crítico fue Cristoph Nicolai, un autor de Berlín. Nicolai no solo tenía problemas para tragar las visiones poco realistas de la sociedad, él argumentaba que los métodos inspirados en los jesuitas podían hacerlos caer en agua hirviente.

A pesar de los múltiples obstáculos que la orden había encontrado en el camino, incluyendo conflictos internos y sus retorcidos planes de reclutar a través de sus conexiones con la francmasonería, la fraternidad prosperó. Los capítulos de los Illuminati se multiplicaron por toda Alemania, aunque habría que admitir que algunos solo contaban con una docena de miembros o menos. Con todo, había varias historias exitosas, incluyendo el capítulo de Mainz, que experimentó un incremento del 50% en sus miembros, creciendo de 31 a 61 en un período de dos años.

Para 1783, apenas 7 años después de la fundación de los Illuminati de Baviera, los archivos mostraban un registro de más de 600 miembros, y eso tan solo en la ciudad de Baviera. Los nombres de la creciente sociedad incluían a nobles muy respetados e incluso a clérigos católicos, a quienes se investigaba más a fondo cuando se procedía a validar sus antecedentes. Era solo hasta que su lealtad era confirmada de manera convincente que les era permitido ingresar a la organización.

Para 1785, la membrecía, de acuerdo a las cuentas de Weishaupt y Knigge, se había elevado a 2.500 personas. Los historiadores creen que la verdadera cifra estaría entre los 600 y 650, pero la organización era una dinámica potencia compuesta por magistrados, gobernadores, embajadores, políticos, clérigos, doctores, y líderes respetados en varios campos académicos. Ellos eran indetenibles.

O eso pensaban.

Intervención

"Cuando el hombre es gobernado, está caído, su valía no existe, y su naturaleza empañada." – Fragmento de una carta de Espartaco (Weishaupt) a Catón (Franz Zwack)

Unos pocos meses después de la renuncia de Knigge, la ciudad de Baviera se agitaba con rumores y habladurías. El contenido de estas historias era que una poderosa orden secreta estaba conspirando para acabar con las monarquías y la religión organizada, y así crear un caos total. Lo más escalofriante de todo, era que esta orden se proponía tomar el control y forzar a toda Europa a someterse a su retorcido y tiránico gobierno.

En tanto muchos sospecharon que había sido Knigge el difusor de estos rumores, otros comenzaron a dar un paso adelante. Testimonios anónimos de quienes afirmaban ser antiguos miembros de la sociedad secreta arrojaron más leña al fuego. Un testigo describió con gravísimos detalles lo que según él era una experiencia de primera mano. Para comenzar, pintó la escena de una oscura habitación, que albergaba un trono principesco de color rojo. Unos hombres con vestimentas ceremoniales, incluyendo túnicas blancas con cruces rojas bordadas, se sentaban ante una mesa vestida con un mantel rojo sangre en un rincón de la habitación. El testigo, que supuestamente era el iniciado, estaba encadenado y vestido con humillantes harapos.

Mientras caía de hinojos, esperando lo que venía, el testigo echó un rápido vistazo a las habitaciones que le rodeaban. Una de ellas, la más pequeña de todas, era casi de color negro alquitrán. En ella descansaba un esqueleto humano extendido sobre una mesa polvorienta. Una corona simbólica estaba colocada a los pies del esqueleto. Cuando el testigo estaba de pie, sus superiores le rodeaban, acosándole con preguntas y abofeteándole cada vez que respondía de manera incorrecta.

Para empeorar las cosas, los Rosacruces, una sociedad rival, se subió al tren de los rumores. Lo último que Weishaupt quería era que los Rosacruces supieran de los Illuminati. Los Rosacruces eran una fraternidad que combinaba una buena dosis de misticismo proveniente de distintas religiones con el ocultismo, y sus miembros supuestamente poseían altos niveles de conocimiento mágico aprendido de sus ancestros. En pocas palabras, los principios de los Rosacruces se oponían a todo lo que defendían los Illuminati de Baviera.

Desafortunadamente para Weishaupt, los Rosacruces se informaron de su organización, y su responsable en Prusia, Johann von Wöllner, trabajó día y noche para hacerlos caer. Se acercó a incluyentes miembros del clero y organizó reuniones con miembros superiores de otras logias, acusando a Weishaupt y su hermandad de promover el ateísmo, así como también de conspirar para liquidar al resto de las sociedades existentes.

Johann von Wöllner

Los capítulos austríacos de los Illuminati fueron también objeto de escrutinio. Panfletos contentivos de sentimientos antirreligiosos comenzaron a circular por toda la nación, y estos panfletos, aseguraban los Rosacruces austríacos, eran hechura de la temida fraternidad. Entretanto, Rosacruces en el terreno continuaban rastreando y espiando a cualquiera que sospechasen era miembro de los Illuminati. Un grupo de Rosacruces había incluso interrumpido exitosamente varias "insinuasiones" de los Illuminati.

Más sal echaron a las profundas heridas cuando un miembro anónimo abandonó el barco, después de lo cual el traidor se conectó con los Rosacruces y actuaba como su informante personal. No ayudó a mejorar la situación el que un miembro temerario e intrépido de nombre Ferninand Baader, miembro de la clase de los Misterios, intentó ir encubierto, introduciéndose en un capítulo Rosacruz. Poco después de ingresar, los Rosacruces descubrieron quién era Baader realmente, y de inmediato fue expulsado del local. Esto solo agravó la guerra entre las sociedades.

1783 fue el año que marcó el principio del fin. Cuatro miembros de los Illuminati, todos profesores de una prestigiosa universidad, fueron arrestados y llevados ante una corte de justicia para ser interrogados. En las primeras dos horas, se mantuvieron fieles a su voto de silencio y no revelaron nada acerca de las operaciones, pero terminaron por quebrarse, ya sea porque se sentían culpables o por presión de la corte. Los cuatro hombres testificaron que el propósito de los Illuminati era repudiar al cristianismo. Siguiendo a un coro de exclamaciones en la corte, declararon que la orden defendía un sentido distorsionado de la igualdad, y el derecho de los miembros tanto a gozar de placeres pecaminosos, como al suicidio.

La confesión ante la corte fue filtrada al público, lo que intensificó la protesta popular. Muchos pusieron a buen resguardo sus cosas temiendo por el futuro, al tiempo que elaboraban sus propias conclusiones acerca de la aparente misión de la orden de alcanzar el dominio del mundo. Los más devotos manifestaron su preocupación por que tal movimiento desatara la cólera del Todopoderoso.

Para Abril de ese año, incluso los reyes se daban prisa para desmantelar a la organización antes de que fuera demasiado tarde. El Rey de Prusia y Federico el Grande, viajaron al estado de Hesse-Kassel, donde pidieron ver al Príncipe Carlos. El agobiado rey relató el allanamiento de las logias de los Illuminati en Berlín, en las que los investigadores habían encontrado archivos de documentos que se dijo contenían información alarmante.

Federico el Grande

Príncipe Carlos

Los reyes decidieron emitir un decreto dirigido a todos los francmasones ubicados en Berlín, ordenándoles que disolvieran todas las conexiones con los Illuminati de Baviera. La peligrosa sociedad, advertían, buscaba eliminar a todas las religiones por medio de enseñanzas blasfemas respaldadas por liberales y escritores del Iluminismo, con indecibles y heterodoxas creencias.

En el mes de Noviembre de 1783, los Rosacruces se hicieron oír una vez más, esta vez para acusar a los Illuminati de intentar convertir a la francmasonería en un desastroso sistema político. Un año después, los francmasones anunciaron oficialmente que ya no estaban asociados con los Illuminati de Baviera.

Parece que bautizar a la logia con el nombre del Elector de Baviera fue de poca ayuda para evadir su destino. El 2 de Marzo de 1785, al cabo de tan solo nueve años de funcionamiento, Carlos Teodoro emitió un edicto que apuntaba directamente Illuminati de Baviera. En primer lugar, prohibía todas las reuniones clandestinas. A continuación, emitió otro edicto de aplicación inmediata que ilegalizaba a los Illuminati.

Tres meses después de la ilegalización, una extraña tragedia cayó sobre los Illuminati, quizá como una señal ominosa, venida del cielo, de lo que vendría a continuación. El 20 de Junio, un sacerdote diocesano, confidente de Weishaupt, llamado Jakob Lanz, salió a caballo en dirección a Silesia, donde debía dejar un paquete. A mitad de camino, cuando pasaba por la ciudad libre de Regensberg, un rayo cayó del cielo y lo alcanzó. Su cuerpo humeante tambaleó sobre el caballo y cayó en tierra con un sordo golpe. Personas que pasaban por allí encontraron y llevaron a Lanz de regreso a la ciudad, pero ya estaba muerto. Las autoridades bávaras llegaron más tarde. Cubrieron el cuerpo achicharrado y procedieron a revisar sus pertenencias, que incluían un morral.

Milagrosamente, los papeles que Lanz llevaba estaban intactos, y los documentos contenían la evidencia necesaria para poner a los heréticos Illuminati tras las rejas. Las autoridades hallaron una lista detallada de todas las logias, incluyendo sus direcciones y por cuánto tiempo habían estado en funcionamiento. Encontraron asimismo lineamientos confidenciales sobre todos los niveles de los Illuminati, al igual que los nombres de quienes se hallaban en las clases más elevadas. El más comprometedor de todos los documentos era un conjunto de instrucciones escritas por Weishaupt y dirigidas a los visiblemente activos Illuminati de Silesia. A los miembros de Silesia se les ordenaba que espiaran a los funcionarios, y registraran por escrito el conocimiento y las opiniones de las autoridades sobre la orden. También se les pedía que opinaran sobre quiénes creían ellos que los habían delatado ante las autoridades.

Escuadrones de investigadores y funcionarios fueron despachados a todas las logias Illuminati, así como también a los hogares de todos los miembros, tanto los verificados como los sospechosos. Las puertas fueron echadas abajo y todos los gabinetes y cajones fueron abiertos. Las autoridades confiscaron montañas de documentos y papeles de trabajo, que fueron enviados a los cuarteles generales para su procesamiento. Los nombres de aquellos en posesión de documentos incriminatorios fueron garrapateados en una nueva lista. La única manera de escapar de severas sanciones y de la prisión era revelar su posición en la orden, o proporcionar evidencia o testimonio bajo juramento de las transgresiones de Weishaupt.

En Octubre de 1786, las autoridades emprendieron otra ronda de registros, e irrumpieron en el hogar de Zwack, que por entonces era un consejero estatal en desgracia. Registraron su estudio a fondo, y encontraron más documentos que probaban que la orden seguía vigente. Estos documentos incluían los planes de la orden para derrocar a todas las instituciones religiosas y gubernamentales. Otro documento escalofriante, escrito de puño y letra de Zwack, alegaba que los Illuminati tenía un completo control sobre sus miembros, yendo tan lejos como para tener el derecho de degradar de manera permanente a los traidores en caso de traición o de un imperdonable acto de insolencia. Otros documentos, firmados por distintos miembros del más alto nivel, predicaban el derecho al aborto, el suicidio y la irreligiosidad.

Lo más llamativo de todo fueron los planos de artefactos y máquinas para el desarrollo de actividades ilegales. Cada diagrama tenía su propia descripción. Por ejemplo, había uno para imprimir falsos sellos oficiales. Otro mostraba una especie de caja fuerte equipada con múltiples cerraduras, la cual sería usada para ocultar documentos clasificados. El último exhibía un artefacto que producía falsos recibos, los cuales podían ser usados para abortos clandestinos. En una de las carpetas, había incluso evidencia de que Weishaupt estaba gestionando un aborto para su cuñada.

Las autoridades estaban aterradas, para decir lo menos, y el pánico continuó arrastrándolos. En Agosto de 1787, el Elector promulgó otro edicto. Este edicto declaraba que, a partir de ese momento, cualquiera que estuviera, así fuese remotamente, relacionado con los Illuminati sería decapitado. Al mismo tiempo, los funcionarios cayeron sobre los miembros verificados; sus propiedades fueron confiscadas, y los miembros de más elevado rango en la hermandad fueron desterrados de por vida de Baviera. Aquellos a quienes se les permitió quedarse se les prohibió encontrarse con otros miembros, incluso para compartir una cerveza en la taberna.

La paranoia se mantuvo en los años que siguieron. Siguieron otras redadas, abortando los planes de quienes se sospechaba eran rebeldes Illuminati. Ninguna otra sólida evidencia volvió a ser encontrada, pero el Elector publicó un edicto tras otro, y en 1791, otras 91 personas presumiblemente asociadas con la organización fueron expulsadas de Baviera como prevención.

Esta paranoia se volvió contagiosa. Al Rey Federico le siguió preocupando que un ejército secreto de miembros prusianos de los Illuminati acechara en las sombras. Solo después de la muerte del Elector en Febrero de 1799, el temor a los planes de dominación de los Illuminati finalmente se desvaneció.

¿Qué pasó con Weishaupt? En la misma semana en que el primer edicto del Elector se hizo público, Weishaupt fue despedido de su puesto en la universidad. Luego, dos semanas antes de que el segundo edicto que ilegalizaba a los Illuminati fuera promulgado, un desempleado Weishaupt fue expulsado de Baviera, después de lo cual buscó refugio en Regensberg. En un extraño giro de los eventos, en lugar de ser encerrado, se dijo que le habrían ofrecido un salario anual de 800 florines (aproximadamente $11.254 al día de hoy) si prometía nunca revivir a su orden.

En su exilio, durante el apogeo de las redadas, publicó una serie de más de nueve libros y panfletos en defensa de los miembros. Desacreditó a sus críticos y declaró que la organización no había sido comprendida, y que sus aspiraciones caritativas y filantrópicas habían sido pisoteadas... Lamentablemente, esto sólo le causó más problemas a sus seguidores allá en casa.

Tanto si Weishaupt permaneció fuera del foco como si no ha sido tema de debate hasta el día de hoy. Algunos sostuvieron que un desalentado Weishaupt aceptó el dinero y escogió retirarse, invirtiendo los cuarenta y tantos años que le quedaban de vida en la pacífica soledad y confort de su nuevo hogar. Presuntamente hizo también las paces con la Iglesia Católica.

Otros no estaban tan seguros. Aseguraban que Weishaupt había rechazado el soborno y había vuelto a supervisar y controlar a la orden, con nuevos aspirantes reuniéndose en secreto en su casa para hablar de futuras insurgencias. Esto, ellos creían, fue la aurora de un nuevo y mucho más ominoso comienzo.

La madre de todas las conspiraciones

"La gran fuerza de nuestra Orden radica en su clandestinidad; que nunca aparezca en algún lugar con su propio nombre, sino siempre cubierta por otro nombre, y otra actividad." – Weishaupt, fragmento de *Proofs of a Conspiracy*

En cierta forma, sea lo que sea lo que sucedió con Weishaupt al final ya no era parte de la ecuación. Las autoridades y la vasta mayoría del público estaban convencidos de que la organización, dirigida por sus sobrevivientes, había desarrollado nuevas formas de cubrir su rastro y estaba ahora multiplicándose con rapidez justo bajo sus narices. Esta nueva ola de pánico llegó debido a un poderoso rumor que empezó a circular en 1799, el año que marcó el final de la Revolución Francesa.

La Revolución Francesa había devastado y desorientado enormemente a los franceses, y levantó las sospechas de sus naciones vecinas. Las monarquías a lo largo de Europa estaban desesperadas por hallar respuestas acerca de qué la había causado. Hoy, historiadores y expertos en la materia han ofrecido múltiples razones para ello, la más notable el estado ruinoso de la economía francesa. Después de 1780, habiendo financiado a la Revolución Americana, Francia estaba ahogada con una deuda inmanejable, exacerbada con el hecho de que la nobleza y el clero se negaban en redondo a pagar impuestos. Mientras las autoridades peleaban entre ellas, la hundida economía presenció una inevitable alza en el costo de los alimentos que encolerizó a los ciudadanos.

Sin embargo, dos escritores creían que la verdadera razón por la que la Revolución Francesa se produjo tenía que ver los Illuminati, y alegaban tener evidencia de los progresos actuales de los Illuminati. Estos eran el Abad Augustin Barruel, autor de *Memoirs Illustrating the History of Jacobinism*, y el médico escocés John Robison, quien escribió *Proofs of a Conspiracy Against All the Religions and Governments of Europe Carried on in the Secret Meetings of Freemasons, Illuminati, and Reading Societies*. Ambos autores urgían a sus lectores a explorar la influencia de los Illuminati en Francia, afirmando que un buen número de funcionarios franceses de alto nivel habían sido seducidos por la orden, entre ellos el Duque de Orleans, el Alcalde de Estrasburgo, y una hueste de otros políticos. En la exposición de Robison, él escribió que los siempre en aumento Illuminati habían unido fuerzas con el Club Jacobino, el más popular club político durante la Revolución Francesa. Juntas, las sociedades supuestamente infiltraron la Asamblea Nacional, y desde Paris, dominaron a toda Francia.

Barruel

Robison

Barruel elaboró aún más la teoría. De acuerdo al Jesuita, tres grupos distintos fueron responsables del estallido de la revolución, conspirando para transmitir un mensaje brutal con un levantamiento violento y volátil. El primer grupo fue descrito como filósofos desorientados y "sofistas de la impiedad". Estos eran ateos radicales que buscaban pisotear la palabra de Dios. El segundo grupo consistía en "sofistas de la rebelión", que podían ser hallados en las "logias ocultas de la Francmasonería". El último grupo era el más temible de todos: los "sofistas de la anarquía". Estos eran los jacobinos y la camada francesa de los Illuminati, quienes no solo deseaban acabar con la religión de raíz sino que también buscaban barrer con todas las instituciones gobernantes, teniendo al mundo en la palma de sus manos.

Barruel, que detestaba al movimiento por la represión de la Compañía de Jesús unos años antes, tenía mucho que decir sobre la controvertida conexión de los Illuminati con los franceses – tanto, que había llenado tres volúmenes con acusaciones. En el primer volumen, Barruel profundizó en el movimiento anticristiano producido por Voltaire en 1728. Voltaire, un pensador revolucionario y una de las cabezas visibles de la Ilustración francesa, era admirado por sus contribuciones a la literatura y por sus ideas filosóficas sobre la defensa de las libertades civiles. La obra de Voltaire a menudo se le concedía el crédito de promover la tolerancia religiosa, pero a ojos de Barruel, Voltaire no era sino un rebelde que "consagró su vida a la aniquilación de la Cristiandad". Estas ideas insidiosas, que pueden haber estado fundadas en las buenas intenciones, no "iluminaron" a la gente, y en su lugar, les condujeron por "el sendero del error". Además de Voltaire, el Rey Federico, Denis Diderot, y otros pensadores de la época fueron también acusados de plantar la idea de una revolución en la mente de las personas.

Voltaire

Fue en el último volumen de Barruel donde realmente ahondó en los detalles de la supuesta implicación de los Illuminati. Los tres sofistas de impiedad, rebelión y anarquía habían alcanzado una membrecía de más de 300.000 conspiradores. Estos eran violentos rebeldes que estaban excitados por la revolución, "todos listos para levantarse a la primera señal y dar el golpe a las demás clases". Una vez la señal fue avistada, los rebeldes se dispersaron por toda la nación, equipados con la contraseña, "Libertad, Igualdad, y Fraternidad," que dio la luz verde para comenzar la rebelión. Barruel incluso aseguró que él personalmente había escuchado esta contraseña pronunciada en las calles francesas.

En cuanto a la versión de Barruel sobre lo que realmente le había sucedido a los Illuminati, él creía firmemente que nunca se habían desbandado. Los Illuminati estaban mucho más organizados de lo que las autoridades podían haber imaginado, y su abrupta desaparición le daba mucho que pensar. Acusó a las autoridades de haber aceptado sobornos de los acaudalados miembros Illuminati, afirmando que las siguientes redadas solo habían sido un espectáculo.

Así que, la Revolución Francesa, sostenían los autores, fue simplemente un ejercicio para que los conspiradores probaran las aguas del inminente reino del terror. Robison dejó a sus lectores con un mensaje escalofriante atribuido al líder de los Illuminati. De acuerdo al autor, Weishaupt declaró, "Los príncipes de las naciones desaparecerán sin violencia de la tierra. La raza humana será una sola familia, y el mundo la morada de los hombres razonables."

El famoso Sir Walter Scott de Escocia, fue otro autor que apuntó a los Illuminati como uno de las fuerzas detrás de la Revolución Francesa, pero él tenía su propia versión. Scott escribió que "la revolución no era la obra de franceses para mejorar a Francia, Era un trabajo de extranjeros, cuyo objetivo era destruir todo lo que había sido Francia". Su teoría apuntaba al trabajo colectivo de funcionarios franceses corruptos e Illuminati franco-judíos. En lugar de apelar de inmediato a la violencia, los judíos Illuminati, dirigidos por su cabecilla y más importante insinuador, Moses Mendelssohn, arruinaron la economía francesa por medio de préstamos irresponsables y elevados intereses. Para añadir una interesante nota al margen, muchos acusaban a Mendelssohn de ser un "judío educado", quien supuestamente alguna vez había afirmado que el judaísmo "no era una religión". Citando a Scott, "Gracias a una larga sucesión de estos préstamos ruinosos, y los distintos privilegios concedidos para garantizarlos, las finanzas de Francia fueron llevadas a una confusión total".

Scott

Mendelssohn

Mendelssohn había también supuestamente intentado arrastrar el nombre de la reina francesa por el lodo, esperando que el público la culpara de la ruina económica. Un día, un paquete dirigido a la Reina, arribó al país. Cuando el paquete fue abierto, los ojos de la Reina se sorprendieron ante el brillante collar de diamantes que la contemplaba. La Reina de inmediato regresó el collar, asegurando que ignoraba quién había ordenado el misterioso paquete, pero la prensa ya había puesto las garras sobre ella. En las semanas que siguieron, los periódicos la flagelaron por sus gastos excesivos.

Una leyenda internacional

"La ilusión es el primero de todos los placeres." – Voltaire

Weishaupt nunca hubiera imaginado la controversia que estaría asociada a su nombre, incluso mucho después de su muerte en 1830. De hecho, las innumerables teorías vigentes hasta el día de hoy, muchas de las cuales parecen tontas y sin duda idiotas para las masas, son considerablemente más viejas de lo que los más estridentes teóricos de la conspiración pudieran pensar. Pero de cualquier forma, el conjunto de estas teorías comparten un detalle en común: los Illuminati de Baviera no se habían desvanecido, sino que habían regresado y crecido dramáticamente. Aunque conocidos por haber establecido logias en 25 ciudades en Europa, muchos creyeron que sus tentáculos se habían extendido a través de los océanos.

Los libros de Barruel y Robison fueron mucho más que un éxito. El material fue publicado en una variedad de idiomas, uno de ellos el inglés, y pronto cruzaría el charco para desembarcar en los Estados Unidos. El contenido puso a los lectores al borde sus asientos, y al poco tiempo, muchos quedaron convencidos de estar viendo señales de la abominable sociedad en su propia tierra. Las conclusiones vinieron de distintas fuentes. Algunos se agarraron del hecho de que los Estados Unidos se había fundado apenas dos meses después de los Illuminati de Baviera, y creyeron que eso era cualquier cosa menos una coincidencia. 1776 fue también el mismo año que Weishaupt había comenzado a introducirse en el mundo de la Francmasonería.

El rumor es que los Illuminati habían jugado un papel significativo en la fundación de los Estados Unidos, y que el país era la primera semilla plantada de lo que ellos llamaban "el Nuevo Orden Mundial." 9 de los 56 firmantes de la Declaración de Independencia eran presuntos francmasones y deístas, incluyendo a Thomas Jefferson, Thomas Paine, Benjamin Franklin, y John Adams, que fueron etiquetados como marionetas de los Illuminati. Otros fundadores, como George Washington, que eran abiertamente cristianos fueron también acusados de deslizar principios deístas en sus escritos personales. Una supuesta pista a la que se hace referencia de manera frecuente recurre a un fragmento de una carta de Jefferson a James Madison: "Weishaupt cree en la perfectibilidad del hombre. Él piensa que con el tiempo podrá hacerse tan perfecto que será capaz de gobernarse a sí mismo en cualquier circunstancia, como para no ejercer la violencia sobre nadie, y para hacer todo el bien que pueda, y no darle oportunidad al gobierno para que ejerza sus poderes sobre él...Tú sabes que esto no está lejos de nuestros propios ideales."

Jefferson

Esta teoría también incluye a otro personaje famoso que se dice tuvo una importante participación en la conspiración: Mayer Amschel Rothschild, de la notoria dinastía bancaria de los Rothschild. Rothschild, que era francmasón, y más tarde también miembro de los Illuminati, pidió una reunión secreta con Weishaupt in 1773. Fue supuestamente durante esta reunión que el astuto par comenzó a trazar un plan de revolución mundial. Los hombres acordaron un conjunto de objetivos, y estas enormes ambiciones comprendían la abolición del gobierno, la propiedad privada, patriotismo, religión, familia, y matrimonio para crear el gobierno de un mundo unificado. El historiador inglés Nicholas Hagger, que había escrito *The Secret Founding of America* ("La Fundación secreta de América"), tachó a estos objetivos de "forma embrionaria de comunismo."

Mayer Amschel Rothschild

Después de esta reunión, Weishaupt viajó a los Estados Unidos, donde supuestamente mantuvo una reunión privada con Benjamin Franklin. Weishaupt presentó el "Gran Sello" a Franklin, ahora uno de los símbolos más ampliamente reconocidos en el mundo. El sello mostraba "Ojo que todo lo ve" flotando sobre una pirámide, una referencia al sistema de grados de los Illuminati. La primera versión de este sello aparecería en el billete Continental de $50 Continental diseñado en 1778, y más tarde, se hallaría en el billete de un dólar. Los teóricos de la conspiración han producido desde entonces una miríada de diagramas analizando cada aspecto de los sellos en los billetes de dólar.

Franklin

El reverso del Gran Sello

Otra excitante teoría sobre el simbolismo Illuminati en la moneda estadounidenses aparecería cuando el Presidente Washington fue colocado en el billete de un dólar – sólo que, de acuerdo a los teóricos de la conspiración, el hombre en el billete no era en realidad Washington. En su lugar, algunos sugirieron que en algún momento de la presidencia de Washington, él había sido asesinado y reemplazado por un impostor. Esto era cierto, afirmaban, porque los retratos de Washington en sus últimos años lo mostraban con una nariz sospechosamente más estrecha. Este impostor, por supuesto, no era otro que el mismo Weishaupt.

Fue durante las negociaciones para el tratado de 1784 en Francia que Jefferson, Adams, y Franklin realmente se enredaron con los Illuminati franceses y comenzaron a tomar parte en la misión de la hermandad. Otros tomaron el énfasis de la constitución en la "libertad de religión" como un mal presagio, que solo traería problemas. Después de todo, tal blasfemia anticristiana era desconocida en el siglo XVIII.

El pánico con respecto a la influencia de los Illuminati en America continuó con los años, y muchos de los impresionables eran miembros altamente estimados en sus comunidades que tomaron para sí la tarea de difundir el mensaje. Una de estas figuras era el Reverendo Jedediah Moore de Boston, cuyas homilías se convirtieron en sermones de horas y horas con advertencias sobre los peligros de los Illuminati.

Después de la Segunda Guerra Mundial, mucho de lo quedaba de los archivos de los Illuminati se había perdido entre los escombros de las ciudades alemanas. Esto solo dio origen a más controversias infundadas. Otra teoría examina las posibilidades de la implicación de los Illuminati en la Segunda Guerra Mundial. En la mente del periodista Louis Kilzer, el autor de *Churchill's Deception*, la orden había creado a Adolf Hitler. En 1912, se cree que un Hitler de 23 años de edad viajó a Inglaterra para cursar un seminario especial con los Illuminati. Allí, fue entrenado como un "agente Illuminati", y le lavaron el cerebro con la visión de la orden para perfecta Alemania. Había recibido también clases especiales para refinar su carisma, y cautivar a las audiencias. Uno de los aspectos más escalofriantes del supuesto entrenamiento fue el curso para "lavado de cerebro traumático." Aquellos que sufrían este tratamiento eran forzados a ver carretes entero de cinta con imágenes violentas, abuso sexual y otras secuencias perturbadoras.

Otros estaban convencidos de que Hitler no era el único peón sino que en realidad estaba en combinación con los otros líderes mundiales, incluyendo Winston Churchill, el Presidente Franklin D. Roosevelt, Joseph Stalin (hijo ilegítimo de Rothschild en otra loca teoría), y Wall Street. En *Wall Street and the Rise of Hitler*, el autor Anthony Sutton acusó a los gigantes financieros detrás de Wall Street de enviar efectivo a Alemania. Hitler, a cambio, prolongó las abominables atrocidades de la guerra. También estaba Standard Oil, de la que se dijo que habría abastecido a Alemania, de manera regular, a través de España y Francia, mientras que grandes jugadores como Ford y General Motors fueron acusados de crear el 90% de los vehículos blindados Nazis.

Más aún, los teóricos de la conspiración afirmaban que la influencia de los Illuminati se había derramado hacia el Oriente, particularmente Japón. La orden había orquestado íntegramente el ataque a Pearl Harbor, cuya inminencia era sabida por las autoridades estadounidenses. Una pieza clave de la supuesta evidencia era el hecho de que los portaviones estadounidenses habían sido convenientemente movidos antes del bombardeo, ya que los estadounidenses querían poner sus mejores unidades navales a salvo. Al momento del ataque, un camarógrafo profesional, que casualmente tenía una cámara, registró el pandemonio, y estos fragmentos serían usados más tarde para propaganda de guerra. En cuanto a por qué la guerra con Japón era necesaria, resultó no solo en destruir a la elite japonesa, sino que abrió el camino para otro empleado de la orden, Mao Zedong.

Al contemplar estas descocadas teorías, es importante recordar que una gran dosis de odio y prejuicio está tejida en ella. Allí está el ejemplo de Nesta Helen Webster, quien revitalizó los rumores sobre los Illuminati justo cuando habían empezado a desvanecerse. Webster, la autora de *Surrender of an Empire, Sociedades secretas and Subversive Movements*, continúa siendo citada por los teóricos antisemitas de la conspiración. Sin una pieza de evidencia a la mano, Webster anunció a sus lectores que 15 logias Illuminati habían sido diseminadas por todos los Estados Unidos desde 1786. Se dijo que los operadores de estas logias eran una mezcla de judíos, francmasones, capitalistas, ocultistas, y otros heréticos. Los Illuminati judíos, el tema más importante de sus libros, estaban llevando a cabo su misión de siglos de destruir el cristianismo.

Las obras de Webster, una autoproclamada fan de Barruel y Robison, junto con sus musas, han sido desacreditados con pruebas por varios académicos en numerosas ocasiones.

Los Illuminati del mundo moderno

"Yo hubiera hecho grandes cosas, si el gobierno no se hubiera opuesto siempre a mis esfuerzos, y no hubiera colocado a otros en situaciones para las que hubieran servido mis talentos." – Adam Weishaupt

William Guy Carr, un escritor y oficial naval canadiense, es muchas veces glorificado como el hombre que inició la "demonología de los Illuminati" que continúa siendo recurrente hoy en día. Quizás la más memorable de todas sus teorías de conspiración es la de "3WW," conocida también como la de "Three World Wars" ("las tres guerras mundiales") que fue explorada en su libro *Pawns in the Game*. Carr sostenía que la Primera Guerra Mundial había sido también idea de los Illuminati, que planearon borrar a los Zares de Rusia y abrirle camino al "comunismo estético". Para el tiempo en que la guerra estaba llegando a su término, el comunismo dominaba y comenzó a destruir a la religión.

La Segunda Guerra Mundial fue el siguiente punto en la lista de los Illuminati. Carr argumentó que era una guerra que los sionistas y los judíos radicales consideraban necesaria para destruir al nazismo y hacer prevalecer al sionismo. El mundo lanzó un suspiro colectivo de alivio cuando la guerra finalmente terminó en 1945, ignorante del golpe catastrófico que se avecinaba.

Carr llegó a decir que había recibido un reporte clasificado del Servicio de Inteligencia Canadiense en 1952. El reporte contenía un fragmento de un discurso pronunciado por el Rabino Emanuel Rabinovich, quien había mencionado que los Illuminati, junto con otros "Poderes Secretos", habían fijado la fecha de la última guerra, que ocurriría en cinco años. Esta guerra, el rabino supuestamente prometía, eliminaría a toda la gente blanca y a la religión. Mientras la mayoría hizo un gesto desdeñoso ante las acusaciones farsantes de Carr, sus divagaciones ciertamente han dejado una impresión indeleble.

Estas teorías eventualmente quedaron a la deriva, yéndose por varias tangentes, pero en 1976, un autor del Reino Unido, Des Griffin, menearía de nuevo los sedimentos una vez más. En su libro, *Fourth Reich of the Rich* ("El Cuarto Reich de los ricos"), Griffin ofreció un nuevo giro a los orígenes de los Illuminati. Según Griffin los Illuminati habían sido creados mucho antes del siglo XVIII, incluso antes de la creación del mundo. Esta era una sociedad que había sido armada por los ángeles rebeldes expulsados del Reino de Dios, gracias a su punta de lanza, Lucifer. Furiosos pero no desanimados por su fracaso en el intento de derrocar al reino allá arriba, prometieron terminar lo que habían comenzado en la Tierra. Los lectores eran invitados a examinar la etimología de los nombres involucrados. La palabra "Lucifer" se define como "El que trae la luz". De la misma manera, el nombre de los "Illuminati" significa "Iluminado". Esta era la coincidencia que le parecía más llamativa. Los Illuminati serían el vehículo de Lucifer para conquistar el mundo, una sociedad creada como resultado de una alianza entre el ángel que se había vuelto malo y otras "fuerzas satánicas". Griffin también llegó a afirmar que la desbandada de los Illuminati había sido parte del plan. Citando a Griffin, "esta mentira ha sido perpetuada desde entonces por 'historiadores' ansiosos de ocultar la verdad sobre las posteriores actividades de los Illuminati".

En una era que contempla un promedio de más de 2 millones de artículos publicados en la red cada día, internet se ha convertido en un terreno fértil para las teorías de conspiración, y parece como si a cada instante se produjeran nuevas teorías y evidencias en contra de los fabulados Illuminati, cada una más sensacional que la anterior. Así, la epidemia de avistamientos del "payaso asesino" por todos los Estados Unidos, un exasperante fenómeno que tuvo lugar en fecha tan reciente como otoño de 2016, ha lanzado a los teóricos a gritar "Illuminati". Estos payasos, insisten, son "un detonante para controlar las mentes".

Estas teorías no necesariamente tienen que ser antisemitas; de hecho, unas cuantas huelen a misoginia. En esencia estas teorías sostienen que el movimiento feminista fue otro complot de los Illuminati. Algunos creen que el feminismo había sido creado por el FBI con la intención de destruir a la familia nuclear. Con más mujeres en la fuerza de trabajo, podrían cobrarle impuestos a la otra mitad de la población. Más aún, a las madres trabajadoras no les quedaría otra opción que pasar más tiempo separadas de los niños, permitiendo que sus cerebros inmaduros fuesen "programados" por los Illuminati a través del sistema educativo.

Naturalmente, estas teorías fueron aceptadas por el universo de la cultura pop. Lo que puede ser considerada la más absurda de estas recientes conspiraciones es una conocida como la "Elite Reptil." De acuerdo a David Icke, antiguo reportero de la BBC y uno de los más controversiales teóricos de la conspiración hoy por hoy, los nombres más prominentes – que abarcan líderes mundiales, megaestrellas de Hollywood, magnates corporativos, y otros nombres influyentes – son, en realidad, parte de la familia "Annunaki". Los Annunaki son reptiles extraterrestres con la habilidad de tener apariencia humana en cualquier momento. Estos invasores alienígenas han estado entre nosotros desde hace milenios y se dice que han sido los verdaderos fundadores de todas las sociedades secretas, incluyendo a los Illuminati. Junto a sus compañeros reptiles, que incluyen a la clase de los Clintons, Henry Kissinger, Hitler, y muchos más, los Annunaki han estado activos creando guerra, pobreza, contienda, y todos los males del mundo, como parte de su plan para erradicar a la raza humana.

Esta teoría en particular puede sonar completamente inconcebible, pero eso no ha detenido a los buscadores de la verdad en internet. En un video de YouTube escandalosamente titulado en inglés *"(Must See) Nicki Minaj Illuminati Reptilian Demon Eyes – Real Satanic 'Snake' Anaconda"*, el usuario "purediamond" compiló un montaje donde desaceleró y acercó la imagen del rostro en una de las entrevistas del músico. El video congela un cuadro con el rostro de Minaj cuando voltea su cabeza, sus pupilas reducidas a unas rendijas como de serpiente. Aunque muchos han hecho notar que la extraña imagen no es más que un problema técnico, el video ha acumulado hasta ahora más de 2.2 millones de visitas.

Los teóricos de la conspiración siempre han leído, y siempre leerán entre líneas, incluso cuando no parece haber nada. Cientos de artículos, blogs, y documentales han "expuesto" a los Illuminati por controlar a Hollywood y la industria hip-hop. Parece que cualquier celebridad que pose con los pulgares y el índice tocándose entre sí, o sea capturada con un triángulo a su alrededor, sin importar lo trivial que sea, podría ser acusado de ser parte de los hermanos.

Lo que hace de las teorías de conspiración que rodean a los Illuminati aún más irónicas, es que los historiadores continúan debatiendo la verdadera suerte de los Illuminati de Baviera, un tema que parece seguir abierto a cualquier hipótesis. En cierto modo, el misterioso final del grupo original ha hecho posible hacer de los Illuminati el chivo expiatorio favorito del mundo. Con el tiempo, parece como si estas teorías hubieran terminado por cobrar vida, producto del odio y la ira de quienes las han creado para explicar todo lo que está mal en el mundo. Sea cual sea el caso, el misterio de los Illuminati no parece estar cerca de perder atractivo.

Adam Weishaupt alguna vez se jactó de que estaba "orgulloso de ser conocido en el mundo como el fundador de los Illuminati". Una cosa es segura: si Illuminati era un nombre que Adam Weishaupt esperaba que perdurara, sin duda alcanzó su objetivo, con creces.

Manifestos y Manía

"Ninguna vida terrenal, por rica que sea en experiencia, podría proporcionar todo el conocimiento, y por ello la naturaleza decreta que debe regresar a la Tierra, después de intervalos de descanso, para que retome su trabajo donde lo dejó". - Max Heindel, extracto de *The Rosicrucian Cosmo-Conception*

¿Cuál es el significado de la vida? Si bien esta pregunta ambigua ha sido lanzada tan a menudo que se ha convertido en una especie de cliché, es algo que seguramente ha cruzado la mente de todos en algún momento de la vida. Para algunos, la respuesta es subjetiva, pero otros están convencidos de que la respuesta está ahí, resguardada por comunidades esotéricas y poderosas, descendientes de prodigiosos ancestros o de algún poder superior.

Desde los albores de la civilización, la gente ha estado buscando este conocimiento oculto. Se creía que las respuestas a todas las preguntas de la vida sólo se podían encontrar al lograr la forma definitiva de "Conciencia Superior". Con esto en mente, nacieron los antiguos cultos de misterio o simplemente "misterios".

Desde entonces, muchos han intentado desbloquear esta puerta del conocimiento enterrada pero sagrada, conocida como "ta musteria", o en español "los misterios". Estos misterios eran doctrinas y técnicas confidenciales utilizadas para lograr el codiciado flujo de la Conciencia Superior. Se erigieron muchas escuelas de misterio y sociedades para acoger la enseñanza de estas doctrinas secretas, siendo las mejores las de las antiguas naciones de India, Egipto, Persia, Grecia y Roma.

Los discípulos eran instruidos por un grupo selecto de personas conocidas como "hierofantes", sacerdotes que se habían sometido a todas las etapas de iniciación. Los hierofantes no sólo eran expertos en el campo del conocimiento oculto, sino que también habían completado todos los niveles de los misterios. Además de impartir los misterios a sus discípulos, se esperaba que los hierofantes estuvieran bien versados en diversas ciencias, incluyendo fenómenos astronómicos, lunares y estelares, así como el arte de la investigación, el análisis, las matemáticas y la ingeniería. Más aún, eran curanderos entrenados, equipados con conocimientos de medicina y, a veces, quirúrgico.

Al apegarse a los planes de lecciones del hierofante y perfeccionar las técnicas secretas, un alumno podía pasar al siguiente nivel de los misterios. Sólo los más dedicados, perseverantes y leales se incluían en la lista VIP de discípulos, ya que los misterios eran preciosos y podían distorsionarse fácilmente si llegaban a las manos equivocadas. Y así, estas escuelas se convirtieron en una sociedad cerrada de élites, estrictamente operando en secreto.

Se dice que los antiguos egipcios fueron los pioneros de las escuelas de misterios. Los historiadores ocultistas creen que los primeros hierofantes egipcios fueron disidentes de la tierra perdida de la Atlántida. Los egipcios atlantes trajeron consigo enseñanzas sagradas atlantes. Esto ayudó a sentar las bases de la civilización egipcia, la cultura, la ciencia y la tecnología, y sus innovaciones a menudo se consideraron como adelantadas a su tiempo.

Algunos especulan que estos hierofantes eran los titiriteros de muchos faraones egipcios, que fueron los discípulos estrella de las escuelas de misterio más poderosas. Desde entonces, han surgido teorías más descabelladas sobre los orígenes de estas academias clandestinas. Una explora la posibilidad de que el primer sacerdote misterioso fuera la deidad faraónica de piel verde, Osiris, el dios de la muerte, el inframundo y la vida futura.

Algunos están convencidos de que Osiris era un "astronauta" de las Pléyades, un cúmulo de estrellas abiertas en la constelación de Tauro. La leyenda dice que el astronauta fue enviado a la Tierra para organizar las tribus "bárbaras" del antiguo Egipto. Dejando a un lado el dios extraterrestre, la mayoría de los historiadores están de acuerdo en que los textos encontrados en la mayoría de las escuelas de misterio se habían transmitido de antecesores de los períodos antiguos o prehistóricos.

El primer iniciado conocido de una escuela de misterio egipcia es conocido sólo como "Toth", y para los griegos, "Hermes". Fue Toth quien creó por primera vez un sistema de magia completamente organizado. También fue uno de los primeros en comenzar la búsqueda de la sabiduría antigua. Para los griegos, sólo Hermes, dios del comercio y protector de los viajeros, tenía el poder de iniciar nuevos miembros y aprobar las graduaciones de nivel de misterio. Las escuelas de misterio griegas más tarde se refirieron a él como "Hermes Trismegisto" o "Hermes tres veces grande", y le atribuyeron haber escrito al menos 42 libros sobre temas de misterios y otras ciencias esotéricas.

Los discípulos de los misterios egipcios entendieron que su educación estaba lejos de ser un proceso fácil. Más bien, era un proceso que implicaba disciplina y un ejercicio agotador del cuerpo, la mente, el espíritu y el alma. Basados en los misterios egipcios, la "voluntad, intuición y razón" de una persona debían estar bien integradas antes de que se les concediera acceso a los secretos del universo. Al dominar el "cuerpo, espíritu y alma", uno podía separar las impenetrables cortinas de la muerte y vislumbrar la vida después de la muerte.

Hablando de la cultura grecorromana, los grupos religiosos públicos, a los que los historiadores se referían como "cultos", adoraban a las deidades mitológicas. Con el tiempo, la política entró en juego, debido al conflicto suscitado entre distintos métodos de adoración e ideologías. Fue durante este período de inestabilidad que surgieron los misterios grecorromanos. El punto central de los misterios grecorromanos giraba en torno a las deidades y la veneración de los ancestros. De la mano con el término griego "mysterios", estos misterios, al igual que las doctrinas egipcias, fueron conocimientos secretos que sólo se divulgaban a los conocedores que se comprometían a defender el secreto eterno. Aquellos que desobedecieran serían castigados o desterrados permanentemente. Los discípulos fueron tomados de lo mejor de la sociedad. Estas ceremonias de iniciación, abiertas sólo para dichos individuos, duraban desde unos pocos días hasta varios meses. Las ceremonias eran todo menos glamorosas, y consistían más bien de ayunos rígidos, vigilias y otras pruebas de lealtad.

Los Misterios de Eleusis, con sede en los Eleusis, cerca de Atenas, fue una de las sectas más populares de su tiempo. La escuela rendía homenaje a Demeter, la diosa de las cosechas y la agricultura, así como a Perséfone, la hija de Zeus y Deméter, y esposa de Hades. Los Misterios Eleusinos giraban en torno al mito de Perséfone, categorizando su historia en 3 etapas: descenso, búsqueda y ascenso, la etapa final que simboliza la reunión de Perséfone con su madre después de liberarse del inframundo.

Una placa votiva que muestra algunos de los Misterios Eleusinos

Una representación de Deméter extendiendo su mano en señal de bendición hacia la Metaneira arrodillada, que ofrece trigo (un símbolo recurrente de los Misterios)

A través de pinturas, cerámica y obras de arte de la época, los arqueólogos pudieron captar la esencia de lo que buscaba la mayoría de las escuelas de misterio grecorromanas. Varias obras de arte presentaban visiones y la invocación de la otra vida, que creían que ofrecía recompensas a aquéllos que sabían dónde encontrarlas. Algunos historiadores sugieren que estas visiones fueron provocadas por antiguas drogas psicodélicas, incluyendo el ciceón. Se cree que esta mezcla griega, hecha de agua, cebada y otras hierbas, se enriquecía con alucinógenos.

Pronto, más escuelas de pensamiento se ramificarían de la búsqueda de Conciencia Superior. Uno de los primeros ejemplos es el gnosticismo, que se dice que se desarrolló en el siglo II DC dentro de la Iglesia cristiana. El archivo oficial Gnosis describe el fenómeno como "el conocimiento de la trascendencia a través de medios interiores e intuitivos". No eran una religión de misterio *per se*, sino una "experiencia religiosa" que contaba historias a través de escrituras gnósticas, conocidas como "mitos". Los mitos gnósticos no son historias ficticias, sino verdades entretejidas en forma poética, con la intención de ilustrar las doctrinas de la trascendencia gnóstica.

Para los gnósticos, el mundo tenía defectos y estaba impregnado de ciclos interminables de desastre, dolor y sufrimiento. Mientras que el cristianismo mantenían firmemente que habían sido Adán y Eva quienes habían condenado al planeta, los gnósticos culparon al creador del mundo. Como resultado, el gnosticismo fue rechazado como "herético" por los cristianos de mente estrecha.

El sistema de creencias gnóstico es bastante complejo y variado, pero la mayoría creía en el rechazo total al "cosmos" o mundo material, creado por el Demiurgo, una entidad oscura semi-divina. El supremo ser divino, conocido como "Sofía" (Sabiduría) por algunos y "Logos" por otros, se decía que había fraternizado con el Demiurgo, dando como resultado la corrupción de la sociedad. El único remedio era buscar el "mundo superior" a través de la autorreflexión, el existencialismo y el conocimiento esotérico de la gnosis. Ésta era la única oportunidad de redimir al espíritu humano.

Luego, está también el método de la Cabalá, un tipo de misticismo judío que dedica su tiempo al análisis y la autointerpretación del Libro Sagrado. El Centro Kabbalah describe la tradición como un "antiguo paradigma para vivir". La vida del amor, la salud, la carrera profesional y las aspiraciones se derivan de la misma "raíz", que debe ser alimentada a través de los métodos de la Cabalá. Al mirar la existencia a través del ámbito de la Cabalá, uno puede esperar encontrar una "realización permanente", independientemente de raza, género, religión o estado.

Otra fascinante escuela de pensamiento es el estudio de la alquimia, a la que a menudo todavía se hace referencia por su mística. La alquimia, considerada por algunos como una ciencia oculta y por otros como antecedente del estudio de la química, se centra en la transmutación de la materia. Se dice que se originó en el antiguo Egipto, con la palabra "khem" que denota la fertilidad del río alrededor del Nilo. Este término continuaría evolucionando a medida que los académicos en todas las naciones profundizaron en dicha ciencia.

Los alquimistas griegos creían que toda la materia consistía de 4 elementos: fuego, tierra, aire y agua. Los monjes taoístas chinos promovieron el estudio con el establecimiento de los "elíxires internos" y "externos". Los elixires externos se referían a brebajes de minerales, plantas y otras sustancias que promovían la longevidad. Los elixires internos, por otro lado, eran técnicas de ejercicio como el "Qi Gong", para manipular las fuerzas dentro del cuerpo físico.

Con el tiempo, los alquimistas árabes llevaron la ciencia a España, y desde allí, se dispersaría por toda Europa. Fue entonces cuando tanto los alquimistas árabes como los occidentales se convencieron de que el oro era el más puro y "perfecto" de todos los metales. Mientras tanto, otros alquimistas se pusieron en búsqueda de la "Piedra filosofal", una roca que podría transformar cualquier metal en oro. En el otro lado del mundo, los alquimistas chinos buscaban una piedra divina conocida como la "Píldora de la inmortalidad".

Siglos más tarde, una escuela secreta como ninguna otra surgiría de la oscuridad: el rosacrucismo. Además de inspirar un legado eterno, la orden tiene un origen misterioso que se apoya únicamente en panfletos sospechosos, lo que la convierte en uno de los enigmas más grandes de la civilización. Durante generaciones, la historia del origen rosacruz se ha transmitido de boca en boca. Según los rosacruces modernos, la historia de la comunidad se remonta a las antiguas escuelas de misterios egipcios. Los primeros miembros de la orden pre-Rosacruz se reunían en templos secretos, siendo los más sagrados las Pirámides de Giza. Estas pirámides, según creen los historiadores rosacruces, no fueron hechas para albergar los cadáveres de los faraones, sino que fueron los puntos de encuentro de los primeros rosacruces.

Fue el faraón Tutmosis III, que gobernó entre el 1500-1477 AC quien estableció una de las primeras escuelas esotéricas del mundo, y sus creencias están más estrechamente alineadas con los principios rosacruces modernos. Más tarde, un grupo de filósofos, entre ellos Thales y Pitágoras, uno de los matemáticos más antiguos del mundo, así como el filósofo romano Plotino, desafiaron los mares y tocaron la tierra de Egipto. Fue allí donde se iniciaron en la orden.

Alrededor del siglo VIII DC, el filósofo francés Arnaud supuestamente introdujo estas enseñanzas místicas a Francia, y este conocimiento secreto pronto permeó en Europa, sus mensajes crípticos fueron aplicados a fórmulas alquimista, baladas de amor de trovadores (poetas líricos franceses), las doctrinas de la Cábala , y a otras modalidades del arte y la literatura europea.

Cuando la ciencia de la alquimia se abrió camino en Europa, muchos de los primeros alquimistas occidentales comenzaron a inscribirse en el movimiento. Algunos nombres incluyen al filósofo inglés y fraile franciscano, Roger Bacon; el escriba francés Nicolas Flamel; y el médico y teólogo suizo-alemán Paracelso. Mientras que algunos alquimistas rosacruces dominaron el arte de la metamorfosis del oro, otros se aplicaron a la "transmutación del carácter".

En los siglos siguientes, una opresión tiránica y brutal forzó a los rosacruces a la clandestinidad. No les quedó más remedio que disfrazarse con el escudo de los seudónimos o falsos nombres. Dicho esto, se cree que los Rosacruces nunca cesaron sus operaciones secretas, floreciendo en las sombras.

El renacimiento

"*Vista Interiora Terrae Rectificando Invenies Occultum Lapidem Veram medicinam* (VITRIOLVM: Visita el interior de la tierra; por rectificación, habrás de encontrar la piedra oculta)." - Christian Rosenkreutz

El resurgimiento de los rosacruces en el siglo XVII fue revitalizado con el Renacimiento. Hacia fines del siglo XIV, los estudiosos italianos ayudaron a llevar a su fin la Edad Media, y en su lugar llegó el comienzo del Renacimiento italiano. La Italia del siglo XV se dividió en diferentes ciudades regidas por sus propios gobiernos. La ciudad de Florencia, una república independiente, fue una de las principales capitales bancarias de Europa, y la tercera más poblada y rica del continente. Multitudes de florentinos ricos financiaron intelectuales como sus benefactores, alimentando el crecimiento creativo de la república.

Con eso, una profesión completamente diferente encontró espacio en Europa. En lugar de trabajar en oficios tradicionales o monásticos, los intelectuales viajaban por toda Europa para estudiar las antiguas ruinas de las ciudades y analizar la literatura griega y romana. Esta nueva búsqueda de sabiduría dio paso a una serie de invenciones y avances en la ciencia, la tecnología y las artes.

Entre estos grandes intelectuales renacentistas se encontraba Leonardo Da Vinci, un artista respetado y conocido por llenar cuadernos con planos de submarinos primitivos, máquinas voladoras, flotadores diseñados para caminar sobre el agua y otras creaciones espectaculares. El científico italiano Galileo Galilei también jugaría un papel fundamental en la revolución científica cuando verificó la teoría de Copérnico de que la Tierra y los otros planetas giraban alrededor del sol, refutando la creencia popular.

El retrato de Leonardo por Francesco Melzi

Galileo

El movimiento renacentista pronto extendería su influencia a todo el continente, entrando a Francia a principios del siglo XV. El Renacimiento francés fue testigo de la exploración del "Nuevo Mundo" por Jacques Cartier y Giovanni de Verrazzano, los primeros en tropezar con la costa atlántica de América del Norte. Simultáneamente, se exploraron las filosofías e ideas humanistas, junto con el mejoramiento de nuevas técnicas en la agricultura, la arquitectura y otras formas de arte.

Además, la invasión francesa de Italia a finales del siglo XV permitió a los franceses acceder a los modernos estilos artísticos de los italianos. Da Vinci fue recibido por el rey Francisco I de Francia, y la realeza le regaló una hermosa casa para llevar a cabo sus actividades. Da Vinci llegó más tarde a Francia con tres pinturas: la "Santa Anna", la "Mona Lisa" y "San Juan Bautista", que aún se pueden ver en el Museo del Louvre en la actualidad. Más artistas de otras partes de Europa también fueron invitados a Francia, y desde allí, la cultura francesa prosperó con nuevas ideas refrescantes y saltos de progreso cultural.

El rey Francisco I

Fue durante este período de renacimiento que el interés por los Rosacruces surgiría de las cenizas. Entre 1614 y 1616, se publicaron 3 manifiestos anónimos: *Fama Fraternitatis* ("La Fama de la Hermandad"), la *Confesio Fraternita* ("La Confesión de la Hermandad") y *La Boda Química de Christian Rosenkreutz*. Aunque los escritores no están identificados, los historiadores de hoy creen que estos manifiestos fueron escritos por la universidad de los Rosacruces de Rose-Croix, particularmente aquéllos que pertenecían al "Círculo de Tübingen". Los miembros de este prominente grupo incluían a los teólogos alemanes Johann Valentin Andreae y Tobías Hess, así como el autor y teólogo luterano Johann Arndt, entre muchos otros. Un misterioso extracto de uno de los manifiestos dice: "Les hablamos por parábolas, pero con gusto le mostraremos la explicación correcta, simple, fácil e ingenua... y el conocimiento de todos los secretos".

Andreae

Arndt

Al principio, estos la mayoría se burlaba de estos manifiestos, y las autoridades simplemente los desecharon como intentos de engañar a la gente. Aun así, las semillas de la curiosidad habían sido plantadas, y en poco tiempo, una serie de artículos, libros, panfletos e incluso obras de ficción siguieron, que hablaban sobre la hermandad de "alquimistas y sabios" que pretendían cambiar el curso de la cultura y la ciencia europeas. Los autores europeos explotaron la intriga del público, y para 1620 ya se habían publicado más de 400 trabajos sobre el tema.

Christian Rosenkreutz

"¿Qué piensan ahora ustedes, queridas personas, y cómo se sienten, al ver que ya entienden y saben que reconocemos verdadera y sinceramente profesar a Cristo, que condenamos al Papa, que somos adictos a la verdadera filosofía, que llevamos una vida cristiana; y convocamos diariamente, rogamos e invitamos a muchos más a nuestra fraternidad, sobre la cual brilla la misma Luz de Dios?" — *Confesio Fraternita*

Una mañana temprano, en 1623, los parisinos salieron a las calles y se unieron a la multitud que se apiñaba frente a un par de avisos que habían sido puestos la noche anterior. El primero de estos avisos proclamaba: "Nosotros, los diputados del colegio superior de Rose-Croix... demostramos e instruimos sin libros ni distinciones, sobre la capacidad de hablar todas las lenguas de los países donde elegimos estar, para sacar a nuestros semejantes del error mortal. El que nos vea simplemente como una curiosidad nunca se podrá poner en contacto con nosotros, pero si su inclinación lo impulsa seriamente a buscar nuestra comunión, nosotros, que somos jueces de intenciones, haremos que vea la verdad de nuestras promesas, pero sabiendo que no damos a conocer el lugar de nuestros encuentros en esta ciudad, ya que los pensamientos que surgen de quien busca la verdad nos llevarán a él, y a él lo conducirán a nosotros... "

Estos panfletos tan peculiares fueron confeccionando la emocionante historia del padre fundador de la orden y, con el tiempo, los autores gradualmente fueron lanzando al público otros folletos, asegurándose así de que la historia se fuera haciendo pública poco a poco. Al propio protagonista se le mencionó inicialmente nada más como "Padre CRC". Fue sólo más tarde que su nombre fue dado a conocer a las masas: Christian Rosenkreutz.

Una representación contemporánea del "Padre" CRC

La fecha del nacimiento de Christian sigue siendo disputada. Aunque los manifiestos sitúan su año de nacimiento en 1378, ese año no encaja con la cronología de los eventos de su vida. Sin embargo, la mayoría de los historiadores coinciden en que su familia vivió en algún momento entre los siglos XIII y XIV, durante el auge de las Cruzadas albigenses. Este período de conflictos, que duró 2 décadas, había sido encendido por el Papa Inocencio III con la esperanza de eliminar a sus disidentes, como el Waldensianismo y el catarismo, movimiento de renovación gnóstica que tuvo lugar en el sur de Europa entre los siglos XII y XIII.

El sur de Francia, así con las ciudades vecinas, era un lugar de frecuentes incendios forestales, y después de las cruzadas las cosas empeoraron cuando varias ciudades y pueblos cayeron en el desorden. Unas ciudades más allá, en el bosque de Turingia de Alemania, el destartalado castillo de Germelshausen se regocijó con el nacimiento de un vástago, un bebé cristiano. Fue una pausa fugaz pero muy necesaria de la lucha que se extendía más allá de los muros del castillo. Los Germelshausen eran de clase noble, pero generaciones de persecución y malas elecciones desangraron sus riquezas. Además, como los Germelshausen eran conocidos como cátaros y los místicos que practicaban con gusto las creencias albigenses y herméticas, eran blanco fácil para la opresión religiosa.

La infancia de Christian fue todo menos rosada. A la edad de 5, Konrad von Marburg, un sacerdote que trabajaba directamente para el papa en Roma, condenó a muerte a los Germelshausen. En el silencio de la noche, las puertas del castillo se abrieron de golpe y entraron los soldados de Marburg e incendiaron el lugar. Afortunadamente para Christian, un monje albigense se introdujo sigilosamente al castillo en llamas y localizó al niño sollozando. Colgando al niño por encima de su hombro, el monje esquivó las llamas y salió del castillo, adentrándose en la noche. El resto de la familia de Christian pereció en las llamas.

El monje introdujo a Christian de contrabando en su aislado monasterio, donde residían él y una comunidad de monjes albigenses. Más tarde, llevó al niño lloroso a su celda y le secó las lágrimas. Una vez que el niño se calmó, el monje no tardó mucho en detectar su tremendo potencial. Durante los siguientes años, Christian vivió entre los monjes, aprendiendo alemán y latín.

Christian pasaría la mayor parte de su adolescencia como ermitaño. Después de una década de adoración y escritura todos los días, Christian de 15 años comenzó a sentir picazón por conocer el mundo exterior. Transmitió sus sentimientos a un grupo cercano de amigos, un cuarteto de monjes cercanos a su edad, de quienes sólo se menciona uno de sus nombres: un "Padre P.A.L." Los 5 monjes compartieron su sueño de conquistar el mundo buscando la sabiduría divina, un premio que creían que hallaba en el Oriente.

Unas semanas más tarde, Christian decidió que era hora de hacer realidad sus palabras. Una mañana temprano, Christian, junto con el Padre P, empacó sus pertenencias y emprendió su viaje en busca de la sabiduría. Sus compañeros y superiores se despidieron en las puertas del monasterio, bajo la impresión de que los dos iban a un peregrinaje a la Iglesia del Santo Sepulcro en Jerusalén.

De hecho, el par de itinerantes no tenía la menor idea de hacia dónde se dirigían, aparte de que irían hacia el este. Fue precisamente esta falta de visión lo que llevó al estancamiento temprano de su ambicioso movimiento. Apenas unas semanas después del viaje, cuando llegaron a Chipre, el padre P se enfermó y falleció inesperadamente. Christian se sintió afligido, pero no se desanimó. Y así, el adolescente siguió adelante. Ahora que estaba solo, ideó un plan adecuado y fijó su mirada en Damasco, la ciudad islámica en Siria. Esto significaba dejar la ciudad cristiana y "segura" de Chipre y aventurarse a la "tierra de los infieles", por lo que supo que tenía que pasar desapercibido. Poniéndose una túnica islámica tradicional y un turbante, entró a la famosa ciudad.

La visita de Christian a Damasco fue más que inoportuna. La ciudad era gobernada por los sultanes mamelucos turcos y mongoles que gobernaban Egipto, Siria y partes de la Península

Arábiga. Todos los intelectuales y eruditos de Damasco y las ciudades limítrofes habían sido expulsados o rechazados, ya que las fuerzas de los mamelucos habían destruido docenas de docenas de universidades, bibliotecas y otras instituciones de aprendizaje. Mientras ocurría todo esto, terribles desastres naturales paralizaron el Medio Oriente. Hubo historias de una secuencia de terremotos sirios y una supuesta lluvia de escorpiones en Mesopotamia. Esto dio lugar a la difusión de rumores infundados sobre el fin del mundo. Los residentes de la ciudad de Damasco estaban constantemente en busca de invasores.

Christian pensó en saltarse Damasco, pero estaba desnutrido y enfermo y se quedó varado en la ciudad. Al arreglárselas con sus circunstancias, se adentró más en la ciudad y se hizo amigo de una comunidad oculta de intelectuales y sabios. Estos eruditos se sintieron atraídos por el intelecto del joven y lo acogieron en su círculo. Cuando se invitó a Christian a examinar sus bibliotecas aparentemente interminables, el adolescente aprovechó la oportunidad. Además de estudiar idiomas árabes, Christian leyó todos los manuscritos de principio a fin. Leyó libros sobre filosofía árabe, como *La alquimia de la felicidad*, escrita por el persa suní-musulmán Muhammad-al Ghazālī. Amplió sus perspectivas con una mirada a la filosofía judía, a través de *Guía de los Perplejos*, escrita por el rabino Moisés Maimónides. Examinó detenidamente las obras ilustradas del erudito persa Omar Khayyam, analizó los poemas de Khayyam y libros de matemáticas.

El carisma parecía ser algo natural de Christian, y pronto estableció una gran reputación entre los eruditos de Damasco. Recibió la tutela privada de los estudiantes del famoso científico y matemático Nasir al-Din, quien le enseñó astronomía y "ciencias armónicas universales". Más tarde, los sabios sufíes se acercaron a Christian, quienes le inculcaron la importancia de la meditación a través del *Masnavi*, una colección de poemas que contaban historias del Corán, así como métodos para fortalecer el vínculo con Alá.

Después de varios meses, Christian dejó Damasco y reanudó su viaje a través de Medio Oriente. Primero hizo una parada en Jerusalén, como había prometido a sus superiores albigenses, pero en lugar de visitar la tumba de Cristo, Christian repasó la filosofía árabe. Unas semanas después de su cumpleaños número 16, Christian llegó a la ciudad de "Damcar". Si bien no hay registros de Damcar, que se traduce como "monasterio en la arena", los historiadores rosacruces insisten en que esto es simplemente otro seudónimo para proteger la ubicación de una de sus futuras bases de operaciones. Christian vivió en Damcar durante 3 años entre los intelectuales de la ciudad. No sólo aprovechó este tiempo para dominar el idioma árabe, también recibió un libro secreto. Este libro bendito era conocido sólo como "M", y supuestamente contenía los secretos del universo.

El resto del tiempo de Christian se dedicó a traducir obras árabes al latín y a estudiar con varios médicos. Estos médicos lo introdujeron al mundo de la medicina, tanto tradicional como alternativa. Esta fusión incluyó métodos de curación sufí (que utilizaban remedios herbales), técnicas de acupuntura primitivas, curación espiritual en forma de ejercicios de respiración y meditación, que le otorgaban a un individuo acceso sin adulteración al "Poder Espiritual Divino" de Alá.

Poco después de cumplir 20 años, Christian decidió salir al mundo una vez más. Primero, hizo otra parada en Egipto, donde se familiarizó con la zoología y la botánica, antes de dirigirse a Fez en Marruecos. Fez, apodada "la ciudad de las 600 fuentes bailarinas", presumía ser un bullicioso centro de filosofía, misticismo y ocultismo. Era el hogar de Abu-Abdallah, uno de los reyes de la alquimia, el hogar de Ali-ash-Shabramallishi, un sabio reconocido en astrología y magia, y el hogar de Abdallah al Iskari, un campeón en las ciencias ocultas. Fez, creía Christian, era el caldo de cultivo perfecto para el conocimiento divino, y se sumergió de inmediato, bebiendo vorazmente la reserva de conocimiento a su disposición. Durante meses se obsesionó con la literatura que discutía la adivinación, el misterio de la naturaleza y otras filosofías no ortodoxas.

Después de años de entrenamiento escolar y místico sin descanso, Christian decidió que era hora de regresar a casa, llevando consigo los frutos ricos y diversos de su conocimiento. Christian abordó un barco, cargando bolsas de manuscritos, raras pociones medicinales y jaulas de exóticas criaturas árabes. Unas semanas más tarde, el barco con destino a Europa atracó en la costa de España. Christian ubicó y organizó una reunión con los Alumbrados, una sociedad secreta que practicaba una versión mística del cristianismo en España. Les dio regalos y, como de costumbre, los conquistó con su encanto y elocuencia. A su vez, los hermanos tomaron a Christian bajo su ala y ampliaron sus horizontes con las enseñanzas de las ideologías herméticas y neoplatónicas. Ambas partes también unirían fuerzas para explorar la legendaria Piedra Filosofal. Lamentablemente, nunca se obtuvieron resultados de sus búsquedas, y los Alumbrados se desvanecieron gradualmente.

Christian se encontró nuevamente solo, pero todavía estaba decidido a instruir a los intelectuales europeos con el conocimiento que se había estado perdiendo durante mucho tiempo. Para su disgusto, un académico tras otro se echaron a reír. Fue en este punto que Christian se dio cuenta de que este conocimiento no era para todos; sólo a través de la fe, la devoción y la paciencia podría la sabiduría entrar en los corazones de quienes la buscaban. Con su orgullo herido, pero aún intacto, Christian se retiró a Alemania y se construyó una casa modesta en lo alto de una pequeña colina. Durante los siguientes 5 años, dedicó todo su tiempo a estudiar, así como a trazar su nueva misión.

Después de reflexionar, decidió que su sociedad debía comenzar poco a poco, con un grupo que no excediera de ocho personas. Cuando realizó su plan, Christian emergió de la reclusión y se desplazó por toda Europa en busca de sus ocho fieles. Haría una parada en Francia, donde presenció las persecuciones de los místicos. Entre los condenados estaba Marguerite Porete, cuyo libro *El espejo de las almas simples* fue criticado por sus severos temas místicos. Cuando ella se negó a complacer a la Inquisición, fue quemada en la hoguera por su blasfemia.

Habiendo presenciado la brutalidad y las penurias que pasaban quienes tenían creencias poco convencionales, Christian sabía que tendría que pasar desapercibido, abandonó Francia y regresó al monasterio de Turingia, reuniéndose con sus tres más queridos compañeros monjes. Juntos, los cuatro formaron la "Fraternidad de la Cruz de la Rosa", la primera orden oficial del movimiento Rosacruz. Los hermanos examinaron el libro de "M" y codificaron un conjunto de reglas para la orden. Una vez que se terminaron los primeros documentos, la fraternidad construyó un templo enclaustrado, bautizándolo como el "Templo del Espíritu Santo". En los años siguientes, el grupo se expandiría lentamente hasta llegar a ocho miembros, tal como lo había previsto Christian. Algunos de estos miembros, dicen algunas fuentes, eran mujeres; todos solteros, castos, y se esperaba que hicieran voto de celibato.

Con sus 8 fieles completos, el grupo era más eficiente. Bajo la atenta mirada de Christian, sus compañeros terminaron el resto de las pautas, declaraciones de misión y otros documentos de la orden, además de erigir un segundo lugar de reunión, conocido como la "Casa de Sancti Spíritus". El gnóstico Ernst Kurtzahn, con sede en Hamburgo, proclamó: "La llamada 'casa' Sancti Spiritus es una cortina de humo deliberada ... ¡es precisamente el 'Sancti Spiritus' el que se dice que reúne a los hermanos! En espiritu y en verdad, se reunirán, según el mandato de Cristo".

Con la Casa de Sancti Spíritus en funcionamiento, Christian finalizó un manuscrito que enumeraba sus filosofías, una clave para los cifrados y símbolos rosacruces, y secciones de conocimientos científicos y médicos vitales que había acumulado a lo largo de los años. Christian usó este manuscrito para nutrir las mentes de sus nuevos seguidores. Mientras observaba a su prometedora grey con orgullo, sabía que su visión nunca se llevaría a cabo si demoraban su movimiento más tiempo.

La Fraternidad de la Rosa Cruz

"Cuando la rosa y la cruz se unen, el matrimonio alquímico se completa y el drama termina. Así nos despertamos de la historia y entramos a la eternidad ". - Robert Anton Wilson, autor estadounidense

En esta coyuntura, los primeros cuatro compañeros de Christian fueron los más iluminados de los hermanos, y fueron a ellos a quienes se les encargaría una misión. Christian les ordenó que se extendieran por todo el mundo y establecieran su residencia en países lejanos. Allí debían transmitir su conocimiento a individuos, preferiblemente académicos, que fueran dignos de su causa. También se sumergirían en estas culturas extranjeras e informarían si encontraban alguna inconsistencia en las enseñanzas rosacruces.

Antes de emprender su misión, los hermanos prometieron defender seis de los estatutos de Christian. Uno, prometieron sanar a los enfermos sin compensación. Dos, no debían llamar la atención, y no se les entregaban uniformes, sino que debían vestirse de acuerdo con las costumbres que los rodeaban. Tres, se reunirían cada año en Alemania en el Templo del Espíritu

Santo. Cuatro, eran responsables de buscar a sus sucesores antes de que llegara su momento. Cinco, debían adoptar las iniciales de "RC" como sello, y se referirían a sí mismos como Rosacruces desde ese momento en adelante. Lo más importante es que esta fraternidad se mantendría sin revelarse al público durante al menos un siglo.

Otras pautas fueron detalladas en el manual de Rosacruz. La primera de estas reglas fue defender la virtud del desinterés, que Christian consideró la más problemática de llevar a cabo. Comprendió que incluso los hombres más nobles y más sagrados no eran completamente desinteresados, pero creía que al graduarse de la última etapa de la escuela Rosacruz, uno tendría la sabiduría para ejercer esa virtud.

Otra regla crucial era mantener la ausencia de orgullo. Esta era una operación asentada en el sigilo y el anonimato, pero también requirió humildad. La vanidad debía ser rechazada a toda costa. Los discípulos debían comer de manera sencilla, renunciar a sus posesiones materiales y practicar una vida de modestia.

Otra regla importante fue la virtud de la castidad, un voto que la mayoría de los grupos religiosos en ese momento consideraban de suma importancia. Los historiadores modernos, sin embargo, cuestionan cuán estrictos eran los rosacruces con respecto a esta regla, ya que muchos pensadores célebres, como Platón y Sócrates, eran conocidos por sus amantes. Más bien se cree que esta ley de castidad era simplemente una medida preventiva establecida para obstaculizar otros deseos carnales.

Christian eligió el símbolo de la cruz y la rosa como el emblema de su orden. El emblema variaría a lo largo del desarrollo de los Rosacruces. Uno de ellos muestra simplemente una rosa roja clavada en el centro de una cruz. Una versión ligeramente distinta muestra una corona brillante en lugar de la rosa. Otra versión muestra una espada de pi, con una rosa posada en el mango del símbolo en forma de cruz.

La cruz rosada asociada con Christian

Cada modificación tenía un significado distinto. La versión original significa lo divino místico en la forma de la rosa, que sólo puede obtenerse mediante el sufrimiento, que se indica con la cruz. De manera similar, los mortales divinos deben pasar por el dolor y los esfuerzos de la vida antes de alcanzar la "Corona de Maestría". Finalmente, la "Espada del Espíritu" debe usarse en la "Batalla de la vida" si se espera que ésta sea recompensada con el conocimiento divino.

Los cronistas rosacruces sugieren que había un significado aún más profundo detrás de la cresta. Para los rosacruces, la cruz representaba una forma humana, y la rosa en su centro representaba el alma. El alma de un individuo está en constante evolución, volando de un cuerpo a otro a través de la reencarnación. Juntos, representan la "dualidad de la humanidad". La tradición rosacruz dicta que aquellos que han alcanzado la etapa "perfecta" ya no necesitan ser reencarnados.

Con base en antiguos folletos rosacruces conocidos como "monografías", el orden se dividió en dos clases: la clase de neófitos y la Clase del Templo, con un total de 12 grados. Estas enseñanzas se centraban en las "Leyes divinas" del universo, y no tanto en el Dios cristiano convencional. Su objetivo era entrenar a sus discípulos en el arte de la alquimia espiritual, enseñándoles a corregir las "imperfecciones de la naturaleza humana".

En la época de Christian, los reclutadores rosacruces buscaban a candidatos a ser iniciados. Algunas personas que habían oído rumores de esta organización también intentaron ubicar el templo y unirse a la hermandad, lo cual era una tarea difícil en sí misma. Si esos candidatos no invitados llegaban al templo, debían someterse a un exhaustivo proceso de investigación y tenían que convencer a los superiores rosacruces de por qué eran dignos de inscribirse.

A los iniciados aprobados se les permitiría ingresar al "Atrium", o cámara de recepción, del templo. Allí, eran examinados e interrogados por una junta de los Rosacruces más ilustrados. Se les daban lecciones preliminares y se les hacían pruebas sobre su capacidad para seguir instrucciones. Estas lecciones permitían hacer una breve semblanza de los conceptos rosacruces más básicos, particularmente el tema de la dualidad humana. Los Rosacruces creían que por encima de los cinco sentidos de una persona, había un sentido psíquico, pero este sentido tenía que ser despertado. Los iniciados también practicaban ejercicios físicos para entrenar sus facultades corporales. Recibían lecciones introductorias de conceptos rosacruces fundamentales, como "La naturaleza ilusoria del tiempo y el espacio", "Telepatía", "Curación por medio de energía metafísica" y técnicas de meditación. Sólo aquéllos que pasaban estas lecciones preliminares podían avanzar a la siguiente etapa.

Los neófitos que ingresaban tenían la tarea de subir tres niveles, llamados "Atrios". El Primer atrio era un repaso de las lecciones preliminares, y los miembros aspirantes profundizaban los conceptos básicos. Los iniciados exploraban la ciencia de la composición y los patrones vibratorios de la materia, que era un canal para comprender la conciencia y la creación mental, así como la forma en que la ciencia afecta al mundo físico. Las lecciones en esta etapa incluyen el "Poder del pensamiento", "Proyección mental y telepatía" y, finalmente, la "Ley de los 3 puntos".

La Ley de los 3 puntos enseña a los neófitos que una fuerza sola por sí misma no puede producir resultados. El equilibrio y la conexión necesarios forman un triángulo, de ahí su nombre. Este símbolo había sido utilizado durante mucho tiempo por los antiguos místicos egipcios. Cuando está invertido, se dice que el triángulo representa las creaciones divinas del universo. Un triángulo hacia arriba, por otro lado, simboliza el mundo material. Los iniciados aprendían a usar la ley para resolver problemas y conflictos diarios.

En el segundo atrio, los iniciados, quienes ahora entendían el vínculo entre la mente y la materia, comenzaban a abordar el vínculo entre la mente y el cuerpo físico. Se les enseñaba que los malos pensamientos podían conducir a la enfermedad, y comenzaban a entrenar métodos de curación aprobados por Rosacruz. También comienzan a aprovechar sus poderes físicos y psíquicos. Los temas en este atrio incluyen el "Origen de las enfermedades", "La percepción del aura" y el "Arte místico de la respiración".

El último atrio era abrir la puerta al mundo místico. Ahora que los iniciados eran más receptivos y estaban en sintonía con sus facultades psíquicas, comenzaban a perfeccionar su intuición y otras habilidades creativas. También se preparaban con lecciones introductorias sobre la reencarnación y el karma. Durante un promedio de 3 meses, los iniciados estudiaban temas que incluyen "Los grandes movimientos religiosos", "El bien y el mal y el libre albedrío" y "La naturaleza del alma".

Al completar el último atrio los neófitos de Christian eran elevados en busca de su siguiente hito. Para celebrar su progreso, se realizaba una ceremonia de iniciación más elaborada. Por fin, los graduados de neófitos podían ser parte de la Clase del Templo. Las siguientes 9 etapas que deben completarse se conocen como "Grados del Templo".

En los primeros 3 Grados del Templo, una vez más, los miembros se vuelven a familiarizar con los 3 planes de estudio de las etapas de neófito. El grado número cuatro presenta a los miembros la "ontología rosacruz", es decir, el estudio de la naturaleza del ser, y su relación con los poderes divinos. Los compañeros de Christian daban cursos sobre símbolos, teorías sobre el tiempo y el espacio, y explicaban el significado detrás de la arquitectura sagrada. En el quinto grado, que dura aproximadamente otros 3 meses, los estudiantes examinaban los trabajos de filósofos clásicos como Aristóteles, Tales, y Solón.

Un busto de Aristóteles

A medida que avanzan los grados, los miembros reciben instrucción y educación más serias sobre la auto-reflexión y la limpieza espiritual. Un misterio diferente se desbloquea en cada etapa. Cuando completaban el séptimo grado, los miembros conocían los pormenores de la proyección psíquica, y se habían convertido en expertos en la percepción de auras y "sonidos místicos". En el octavo estaban familiarizados con todas las áreas de la inmortalidad, y las lecciones incluían "La memoria de las encarnaciones pasadas" y el "Misterio del nacimiento y la muerte". Finalmente, en noveno grado, los Rosacruces habrían alcanzado el nivel más alto de iluminación y sabían el último de los misterios de corazón. Entre los temas del último grado están "Alquimia mental", "Regeneración mística" y "Sintonización con la conciencia cósmica".

El Principio Rosacruz del Secreto es un juramento que se tomaba en cada ceremonia de iniciación. Los rosacruces no sólo prometían ser leales por siempre, sino que además, por todos los medios, mantendrían al público curioso alejado de sus preciosas sesiones. Como resultado, la mayoría de los secretos rosacruces murieron con sus miembros. Se les prohibió revelar las características de las ceremonias de iniciación, incluidos los pasajes ceremoniales recitados por Maestros y Oficiales. Nunca debían pronunciar una palabra acerca de "controles, contraseñas, saludos y signos de reconocimiento" de la orden.

A lo largo de todo el proceso, era evidente la importancia del secreto en la sociedad. Incluso antes de entrar al Atrio, los iniciados debían jurar y firmar un juramento que decía: "Ante la Señal de la Cruz, prometo, por mi honor, no revelar a nadie... las señales, los secretos o las palabras que pueda aprender antes, durante o después de pasar el Primer Grado".

Cuando los Rosacruces hicieron su primer intento de acercarse al público, algunos extranjeros que supieron admirarlos compilaron una lista de cómo identificar a un miembro de la organización secreta. Los rosacruces son reconocidos por exhibir las cualidades de paciencia, amabilidad y modestia. Son pulcros y de voz suave, pero desean la verdad y, sin embargo, saben exactamente cuándo mantener sus labios sellados. Tal vez el signo más revelador de todos: la lealtad de un Rosacruz no tiene rival.

Una boda, un funeral y un nuevo comienzo

"Hoy, hoy, hoy es la boda del rey. Si naciste para esto, elegido por Dios para el gozo, puedes ascender por el monte en el que se levantan 3 templos y ver todo por ti mismo... Perjura aquí bajo tu propio riesgo; el que es luz, ¡tenga cuidado!" - Extracto de *La boda alquímica de Christian Rosenkreutz. xxx*

La boda alquímica de Christian Rosenkreutz ilustra el camino del fundador hacia la iluminación en un viaje espiritual de 7 etapas. Aunque la historia se publicó por primera vez en 1616, se dice que la historia tuvo lugar aproximadamente 150 años antes. El libro está dividido en 7 capítulos, que representan 7 días de eventos extraordinarios, aunque poco creíbles, de su viaje de una semana. Y así comienza la historia de la búsqueda espiritual de un Christian de 81 años.

Unos días antes de la mañana de Pascua, una "doncella alada" visitó a Christian en sus aposentos. Miró boquiabierto la aparición, frotándose los ojos con incredulidad. La mujer vestía un impresionante vestido azul con estrellas doradas cosidas en la tela sedosa, y sus alas estaban salpicadas de varios ojos penetrantes. Se cree que esta aparición era una especie de visión, tal vez del "ánima" de Christian, es decir, su contraparte femenina. Christian, sin palabras por la aparición, solo pudo asentir dócilmente cuando la mujer le informó de la búsqueda espiritual que tenía por delante.

Esa noche, Christian tuvo una pesadilla que estaba plagada de misterios de la Cabalá y simbolismo místico. En el sueño de Christian, él estaba atrapado en una torre aterradora, repleta de prisioneros que gemían encadenados. Se dijo que los cautivos desesperados representaban el "Malkuth", hebreo para el "Árbol de la Vida". Un hombre delgado y anciano de pelo plateado se acercó a los prisioneros con el nombre de "Padre Chokmah", un término hebreo para la gracia y la benevolencia. Chokmah anunció que su única esperanza de escapar era agarrarse a la cuerda que caería de una ventana. Tal como Chokmah predijo, una anciana llamada "Binah" o "La Madre Universal" lanzó un largo cordón umbilical en la única abertura de la torre. Christian, desesperado, se apoderó de la cuerda, y pronto fue sacado a su libertad.

Un Cristian jadeante se despertó a la mañana siguiente, empapado de sudor, para encontrar una invitación a los pies de su cama. Era una invitación a la boda real del rey y la reina, pero las coordenadas del castillo no eran reveladas. Al darse cuenta de que era la invitación a su búsqueda, recogió sus pertenencias y se dispuso a ir a la boda. Errante, pronto se topó con 4 caminos. Perdido y desorientado, estaba a punto de girar sobre sus talones cuando vio una paloma blanca, y fue hipnotizado por el hermoso pájaro. Se dice que la paloma es un símbolo cristiano del "Espíritu Santo femenino". Segundos después, apareció un cuervo con plumas de color negro como la medianoche, que representa el "cambio alquímico". El pájaro negro comenzó a perseguir a la paloma blanca, y Christian la siguió, mientras las aves lo guiaban inconscientemente por el camino correcto.

Pronto, Christian llegó a su primer "portal" y abrió su invitación. Una vez que examinó su invitación, el asistente del portal se hizo a un lado y lo envió por un camino sinuoso hacia el siguiente portal. El camino estaba iluminado por linternas que sostenía por otra joven atractiva. Al igual que la aparición, estaba vestida de azul Júpiter.

En el camino hacia el segundo portal no se encontró ningún obstáculo, pero tan pronto como Christian vio el castillo al final del camino, las luces empezaron a parpadear. Corrió hacia el castillo antes de que la oscuridad de la noche pudiera consumirlo. Sin saberlo, la mujer lo siguió, empuñando una linterna. Con la guía de la extraña mujer, Christian se deslizó a través de las puertas en el último momento. Cuando las puertas se cerraron de golpe detrás de él, la cola de su abrigo se enganchó. Este pequeño detalle sirvió como un recordatorio de no aferrarnos a las posesiones terrenales, ya que sólo son obstáculos para la iluminación espiritual. Su guía guardó las llaves para que nadie más pudiera entrar sin su aprobación.

A salvo dentro del castillo, Christian se topó con otra mujer, conocida sólo por los lectores como "La Virgen". Tuvo que mirar dos veces, ya que la Virgen y la doncella de la linterna podrían haber pasado fácilmente como gemelas, excepto que la Virgen estaba vestida con una "prenda blanca como la nieve que brillaba con oro puro". Sólo más tarde Christian entendió que las mujeres eran una y la misma.

En el tercer día de Christian, él, junto con otros invitados de la boda, fue recibido una vez más por la Virgen. Esta vez, ella estaba vestida con un vestido escarlata ceñido con un cinturón blanco, con una corona de flores en su cabeza. Estas coronas, conocidas como "coronas de laurel", eran símbolos de la victoria; las hojas de laurel a menudo también se masticaban para inducir "visiones proféticas". Los compañeros fueron conducidos a otra cámara del castillo, donde se llevó a cabo una ceremonia de "pesar las almas". Ahí, la Virgen probó el carácter de cada hombre poniéndolo a realizar 6 tareas. Este fue un momento decisivo. A los que pasaron la prueba se les dio un hermoso abrigo rojo y un laurel para que los conservaran, mientras que los que fracasaron fueron rápidamente humillados y condenados a llevar a cabo el "peso" de sus virtudes contaminadas, indiscreciones y delitos morales. Al final del día, un Christian aliviado tomó su abrigo rojo y su laurel. Se acercó a la Virgen y le preguntó su nombre por primera vez. Su nombre era Alchimia.

El cuarto día de la misión marcó la fecha de la boda real. A los invitados a la boda se les dijo que usaran los abrigos especiales provistos por Alchimia. Eran abrigos elegantes hechos de vellón dorado, todos con la misma inscripción estampada en el dorso que decía: "La luz de la luna será como la luz del sol, y la luz del sol será 7 veces más brillante". Cuando Christian se puso su abrigo, los invitados fueron convocados por el "rey y la reina principales" a la sala real. Los bien dispuestos invitados obedecieron y se dirigieron a la resplandeciente sala, que estaba adornada con muebles extravagantes, con paredes de oro tachonadas de joyas. Las ropas de la reina eran tan deslumbrantes que cegaron a Christian y a sus compañeros por un momento.

El aturdido Christian pronto se dio cuenta de que no estaban solos. Había 3 juegos de tronos más en cada pared de la sala, con un par de monarcas sentados sobre ellos. Sin decir una palabra, los reyes y las reinas se levantaron de sus tronos al unísono y se cambiaron sus ropas blancas, reemplazándolas con ropas negras.

La confusión de los invitados a la boda se transformó en horror cuando la familia real se acercó al verdugo que los esperaba en la esquina de la habitación. Uno por uno, los monarcas fueron decapitados ante sus ojos. Una vez que el último rey fue asesinado, el verdugo, un hombre sin rostro, vestido de negro, volvió su hacha hacia sí mismo.

Alchimia pasó a través de la multitud de invitados llenos de pánico y pasó suavemente los restos a ataúdes separados. Aseguró a los invitados: "La vida de éstos ahora está en sus manos; y si me siguen, verán cómo esta muerte da vida a muchos". Alchimia realizó una vigilia nocturna en honor de los cadáveres reales, lo que significaba que ella estaba vigilando el renacimiento que pronto habría de llegar. Más tarde esa noche, 7 magníficos barcos llegaron, y los ataúdes fueron arrastrados hacia los buques.

Al día siguiente, Christian se dispuso a dar un paseo por el castillo. Fue entonces que encontró la tumba de Venus, la diosa del amor y la fertilidad. Al entrar, se hizo evidente de inmediato que no era una tumba ordinaria sino una casa llena de tesoros. Cuando Christian exploró la tumba, descubrió una puerta de cobre y entró, sin querer, tambaleándose hacia las alcobas de Venus. La diosa desnuda estaba tendida sobre una cama, y Christian la vio tan impresionante que tuvo que preguntarse si era real.

Recuperando la calma, Christian se dio la vuelta y rápidamente salió de la tumba. Alchimia, vestida de negro, lo encontró una vez más en el castillo, y los invitados a la boda se internaron en el bosque junto al castillo, donde se celebró un funeral para los monarcas. Allí, los invitados ayudaron a enterrar los ataúdes vacíos y encerraron los cofres simbólicos dentro de una cueva lejana. Se izó una bandera con un ave fénix dorado-naranja impreso en la tela. Era el símbolo del renacimiento.

A continuación, los invitados a la boda fueron trasladados a un barco, tal vez uno de los que habían ido por los ataúdes la noche anterior. Más tarde llegaron a la Torre Olympus, una estructura de piedra alquímica que tenía 7 pisos de altura. Para alcanzar el siguiente nivel, Christian y sus compañeros tuvieron que completar una serie de extrañas tareas. Una de las primeras consistió en la transmutación de los cuerpos de los monarcas en huevos. Estos huevos fueron incubados. Una de las aves sería sacrificada y quemada. Las cenizas del ave caída se vertería en jarras y ésta se llevaría al siguiente nivel.

Los invitados comenzaron a dominar las tareas con facilidad, pero a mitad de camino hacia la cima, una furiosa Alchimia los visitó nuevamente y los reprendió con un largo sermón. Pronto descubrieron que, ocultas en sus palabras mordaces, había pistas sobre cómo proceder al nivel superior. Cuando finalmente alcanzaron el nivel final, los invitados crearon 2 pequeños seres, un niño y una niña. Los niños hechos con alquimia consumieron la sangre de otra ave de sacrificio, y con eso, surgieron un nuevo rey y una reina.

Christian más tarde regresó al castillo y fue designado oficialmente como el padre de los nuevos monarcas. Fue llamado "Caballero de la Piedra Dorada". Fue en esta etapa que Christian admitió con remordimiento haber codiciado el cuerpo desnudo de Venus. Esta admisión de culpa jugaría en su favor, ya que demostró la fuerza de su carácter. La comprensiva Alchimia cedió y le permitió continuar sirviendo a los demás. Por fin, la misión estaba completa.

Poco se sabe sobre lo que fue de Christian hacia el final de su vida. Sus discípulos afirmaron que Christian continuó inspirando a otros, incluyendo a Johann Tauler. Tauler, un gran teólogo de su época, fue conocido por su conversión al misticismo por un desconocido sin nombre. Algunos dicen que ese desconocido no era otro que Christian Rosenkreutz.

Una representación contemporánea de Tauler.

Se cree que Christian siempre supo que se acercaba su momento, e incluso había convocado a 6 de sus compañeros más cercanos para preparar su tumba con él. Aun así, ni siquiera los hermanos que habían construido la tumba con Christian sabían su edad real, o lo que provocó su fallecimiento. A su debido tiempo, el hombre falleció, y algunos dijeron que vivió hasta los 106 años de edad.

Exactamente 120 años después, un rosacruz encargado de renovar el Templo del Espíritu Santo descubriría accidentalmente la tumba de Christian. En la tumba, el Rosacruz sin nombre encontró una tableta pegada a la pared con un enorme clavo, con los nombres de la primera generación de la orden grabada en ella. Cuando tiró la tableta de la pared, el falso enlucido detrás de la tableta se agrietó, revelando otra puerta secreta. Otro mensaje críptico estaba grabado en la puerta. Cuando se decodificó, decía: "En 120 años, saldré".

A la mañana siguiente, un grupo de rosacruces pasó por la puerta sellada, que dio paso a una bóveda con 7 lados y esquinas. Debajo del altar de bronce en el centro de la habitación, yacía el cuerpo de Christian. La escena era surrealista; Christian había muerto hacía más de un siglo, pero era como si su cadáver hubiera sido depositado allí apenas unas horas antes. Más aún, un inexplicable rayo de luz asomó por una grieta en el techo. Más tarde, los Rosacruces continuaron inspeccionando la bóveda, y determinaron que las 7 paredes a su alrededor eran, de hecho, más puertas. Detrás de estas puertas había invaluables documentos rosacruces, y se encontró otro pergamino en la tumba de Christian con un mensaje que anunciaba el segundo surgimiento de los rosacruces. El fragmento final del documento decía: "De acuerdo con la voluntad del Padre CRC, la Fama ha sido preparada y enviada a los sabios de Europa en 5 idiomas... Todas las almas sinceras... están invitadas a comunicarse con los Hermanos, y se les promete que se escuchará su apelación... Al mismo tiempo, se advierte a los que tengan motivos egoístas y ulteriores que sólo verán la tristeza y la miseria en sus intentos por descubrir la Fraternidad sin un corazón limpio y una mente pura".

Dispersión y las guerras de los clones

"No hay nada tan inspirador, tan lleno de paz, felicidad, perfecta salud, alegría y satisfacción, como el desarrollo de la naturaleza espiritual." - H. Spencer Lewis

El furor rosacruz que prevaleció en toda Europa tuvo a todo el continente en ascuas por la emoción. Mientras que muchos calificaban al orden herético y a sus adeptos como aduladores, otros defendieron vigorosamente a la hermandad. Los rosacruces encontraron admiradores en Inglaterra, y el médico paraceliano Robert Fludd escribió un artículo tras otro en defensa de la orden. Otros escritores, como John Heydon y el conocido alquimista Thomas Vaughan, tradujeron y generaron decenas de artículos relacionados con los Rosacruces.

La imparable ola de fervor Rosacruz avanzaría a través de los mares. La publicación de folletos, junto con cientos de trabajos que siguieron, creó una nueva generación de sociedades secretas. Muchas de estas sociedades secretas fueron efímeras, y su brevedad se debió a su incapacidad de defender el elemento mismo del que dependía su éxito: el secreto.

Mientras tanto, a medida que la ciencia de la alquimia avanzaba, hubo una escalada en la determinación del público de revelar las verdaderas identidades de los Rosacruces de Rosenkreutz. Muchos de ellos eran supuestamente destacados estudiosos que conocían la orden, pero no estaban familiarizados con ella, y querían llegar a una comprensión profunda de las ciencias inconformistas que predicaban. Uno de los primeros en buscar el orden fue René Descartes, un filósofo y matemático francés considerado una de las figuras clave de la revolución científica. A menudo se le atribuye a Descartes el establecimiento de la geometría analítica, y se supone que recorrió toda Europa, toda Alemania y las Tierras bajas, sin resultados. Con la cabeza gacha, regresó a Francia y confesó que no había descubierto ninguna huella de los Rosacruces. La secrecía inquebrantable de los Rosacruces hubiera enorgullecido a Christian.

Descartes

En los siglos que siguieron, muchos comenzaron a acusar a los pensadores más aclamados de ser rosacruces. Uno de estos presuntos rosacruces fue Baruch Spinoza, un crítico neerlandés racionalista y crítico de la Biblia. Cuando Spinoza fue excomulgado de su fe judía, encontró consuelo en su amistad con un par de Rosacruces. El primero de los conocidos de Spinoza fue William Gottfried, quien reveló que en una de sus cartas había sido secretario de una logia rosacruz sin nombre. Spinoza también se cruzó con John Frederick Schweitzer, apodado "Heveltius". Spinoza juró que una vez había visto al hombre transformar 6 onzas de plomo en oro, un acto de "transmutación alquímica".

Spinoza

También se dijo que los rosacruces tuvieron un impacto significativo en las obras de Sir Isaac Newton, lo que dio forma a sus opiniones sobre filosofía y alquimia. A su muerte en 1727, su biblioteca personal contenía 169 libros sobre varios temas alquímicos, uno de los cuales era la versión en inglés de *The Fame and Confession of Fraternity R.C.* Aquellos que hojearon la copia de Newton vieron que las páginas estaban llenas de sus propias notas, garabateadas por todos lados.

Una y otra vez, muchos intentaron buscar a los Rosacruces originales, sólo para llegar a un callejón sin salida. Naturalmente, el agotamiento del fracaso desanimó a muchos de ellos. Otros tomaron el asunto en sus propias manos y se dispusieron a establecer sectas similares, tomando el nombre rosacruz. La mayoría de estas órdenes se basaron en los principios rosacruces tradicionales, pero los rosacruces modernos que afirman ser descendientes de la orden original los han tachado de imitaciones.

Los grupos que siguen se clasifican en 3 categorías: los rosacruces de Christian esotéricos, los rosacruces masónicos, y finalmente, los rosacruces iniciáticos. El místico erudito estadounidense Arthur Edward Waite estaba convencido de que uno de los primeros imitadores rosacruces surgió antes del frenesí. Se trató de un grupo alemán de Nuremberg fundado en 1586, una secta cristiana esotérica que operaba bajo el nombre de "Milicia Crucífera Evangélica". Se decía que la secta hacía reuniones ocasionales en espacios confidenciales, sus actas de reuniones y detalles específicos quedaron registrados en el libro del fundador Simon Studion, *Naometria*. Mientras que el MCE moderno afirma que se habían establecido para reunir a los miembros sobrevivientes de los Caballeros Templarios, Waite afirmó obstinadamente: "Evidentemente... [MCE] fue una transfiguración o desarrollo de la secta establecida por Simon Studion". En esta misma época, Henrichus Neuhuseus también produjo un folleto en latín sobre los rosacruces y lo distribuyó en toda la India, pero su trabajo pasaría desapercibido hasta el siglo XIX.

Waite

Hacia el siglo XVIII dos sectas masónicas rosacruces ilustres se convirtieron en realidad - la Orden de Caballeros de Beneficencia de la Ciudad Santa, y el Antiguo y Aceptado Rito Escocés, ambos con sede en Francia. La influencia rosacruz sobre las sectas es especialmente evidente en el grado número 18 de la última orden, que se llama 'Caballero de la Rosa Cruz.' Algunos de los presuntos miembros de estas sectas masónicas fueron el Conde de St. Germain y Martínez de Pasqually, el fundador del martinismo, otra escuela de misticismo cristiano y esotérico.

Una pieza de joyería del "18 ° Caballero de la Rosa Cruz"

El Conde de Saint Germain

A mediados del siglo XVIII se unió otro participante destacado a la secta masónica Rosacruz. Fue la Fraternidad de la Cruz de Oro y Rosa, establecida por un Rosacruz alemán llamado Hermann Fichtuld, y esta orden fijó su enfoque en los estudios alquímicos. Los iniciados de esta secta tenían que ser maestros masones. Uno de sus presuntos participantes fue el rey Federico Guillermo II de Prusia.

El rey Federico Guillermo II de Prusia

Entre las sectas iniciáticas se encontraba la Orden Hermética del Amanecer Dorado, lanzada por el forense inglés Dr. William Wynn Westcott en 1887. Sus seguidores afirman que Westcott recibió un manuscrito antiguo en su laboratorio de Londres que había sido escrito en tinta café El manuscrito, su paquete sin firmar, discutía los dogmas de Rosenkreutz, haciendo que algunos creyeran que el texto había sido escrito por uno de los compañeros del fundador. En cualquier caso, Westcott utilizó el manuscrito formando su propia orden. Su orden fue un híbrido de la Cabalá y los principios masónicos, y obedecía a un complejo sistema de ritos ceremoniales desarrollados a partir del manuscrito. Se dijo que el ocultista Aleister Crowley fue uno de los seguidores de Westcott.

Westcott

Crowley

Un año más tarde, los académicos franceses Stanislas de Guaita y Gérard Encausse desarrollaron la Orden Cabalística de la Cruz Rosada. Se decía que era una de las sectas con las ceremonias más lujosas, con un sistema de jerarquía un tanto intrincado e incluso túnicas ceremoniales. Sus ceremonias de iniciación han atraído muchas críticas a lo largo de los años, ya que sus prácticas claramente van en contra de la tradición rosacruz.

Otro ejemplo fue la denominada "Orden del Templo y el Grial y de la Cruz de la Rosa Católica", una secta esotérica cristiana e iniciática creada por Joséphin Péladan. El joven Péladan, cuyos padres eran miembros de la Orden Cabalística de la Cruz Rosada, no estaba de acuerdo con muchas de las creencias de sus padres y se separó de ellos. Aunque se había desconectado del KORC, Pedalan aplicó el mismo espíritu de celebración a las ceremonias de iniciación a su propia orden. Más tarde intentaría revolucionar el arte francés. En un esfuerzo por canalizar sus ideas de misticismo y espiritualidad a través del arte, Péladan formó el "Salón de la Cruz de Rosa", una colección de artistas franceses anómalos que respaldaban la misma visión.

Péladan

Una promoción para el Salón de la Rosa Cruz

Quizás uno de los mayores éxitos del movimiento Rosacruz sucedió en los Estados Unidos. Los Rosacruces modernos afirman que el intelectual inglés y autor de *The New Atlantis*, Francis Bacon, fue el responsable de iniciar la campaña de la orden en América. Se dijo que su libro, un favorito de los rosacruces, incluía un plan que instruía a la orden llevar el rosacrucismo a los Estados Unidos, y por lo tanto, un grupo de rosacruces se reunió para hacer precisamente eso. En 1694, subieron a bordo de una embarcación pequeña pero robusta, la *Sarah Maria*, capitaneada por el Rosacruz alemán Johannes Kelpius, y zarpó hacia América.

Bacon

Los colonos rosacruces llegaron a Filadelfia, donde construyeron su primera base. A medida que el movimiento continuó, los Rosacruces colaboraron con académicos locales para promover la cultura y la tecnología estadounidenses. Se dice que algunos de los Padres Fundadores de los Estados Unidos, incluidos Thomas Jefferson, Thomas Paine y Benjamin Franklin, fueron miembros o al menos estaban "íntimamente conectados" con los rosacruces estadounidenses.

El efecto rosacruz menguaría en el siguiente siglo y permaneció en su mayoría en estado latente durante todo el siglo XIX. Aun así, la orden fue ganando fuerza en Europa y continuó activa en Alemania, Francia, Suiza y Rusia, entre otros países. En los albores del siglo XX los rosacruces decidieron que era hora de reanimar el movimiento en Estados Unidos.

En 1909, un empresario estadounidense muy instruido, Harvey Spencer Lewis, viajó a Francia, presumiblemente en un viaje de negocios, y fue abordado por los Rosacruces. Se rumora que esos Rosacruces eran los descendientes sagrados del propio Christian Rosenkreutz. Lewis fue incluido en la orden y más tarde se le encomendó reanimar el interés Rosacruz en los Estados Unidos.

Seis años más tarde, Lewis regresó a Nueva York y resucitó la orden con un nuevo nombre: el *Antiqus Mysticusque Ordo Rosae Curis*, o en inglés, "La Antigua Orden Mística de la Rosa Cruz". En 1927, la orden, otra secta iniciática, se mudó a San José, California. La sede de AMORC todavía existe hoy en día como "Parque Rosacruz". Se extiende por toda una manzana de la ciudad y alberga una gran variedad de hermosos jardines, arquitectura del Medio Oriente y arquitectura morisca. Algunos creen que las ideologías de AMORC pueden ser las más cercanas a la verdadera "tradición rosacruz", aunque otros no están de acuerdo. Al igual que en la orden original, el plan de estudios AMORC está estructurado en 12 grados y se adhiere a muchas de las leyes de los manifiestos rosacruces del siglo XVII. Desde entonces las logias de AMORC han aparecido por todo el país. A juzgar por los interiores con sabor egipcio de estas casas de campo, uno puede imaginar cuán exuberantes fueron alguna vez sus ceremonias.

Lewis

¿Dónde están ahora?

"Salutem punctis trianguli! (¡Saludos a los puntos del triángulo!)" —Saludo Rosacruz, Código Rosacruz de la Vida

Cuando el mundo entró al siglo XXI, los rosacruces en todo el mundo avivaron frenéticamente las llamas de su movimiento, con la esperanza de mantenerlo con vida. La Antigua Orden Mística de la Rosa Cruz, que sigue siendo la mayor secta internacional Rosacruz en el mundo (con una membresía de más de 80,000 miembros y aumentando), se ha dedicado continuamente a esta tarea. AMORC organiza eventos y reuniones masivas año tras año, como las convenciones rosacruces regionales e internacionales que organizan en varias ciudades del mundo.

Cuando el crecimiento se estancó, quienes estaban en la cima de los Rosacruces sabían que más que nunca eran necesarios el cambio y la modernización. En la Convención Mundial Rosacruz de Suecia de septiembre de 2001, el Emperador Rosacruz francés Christian Bernard presentó un nuevo manifiesto a la congregación. Lo llamó la *Positio Fraternitatis Rosae Crucis*. En lugar de centrarse en una audiencia exclusiva de intelectuales, AMORC dirigió su atención al público por primera vez. Definieron la postura colectiva de la orden sobre la política mundial y los acontecimientos actuales, así como sus profecías sobre los peligros que vendrían en un futuro próximo. Afirmaron que el mundo se encontraba en un estado problemático que tenía prioridades fuera de lugar, particularmente el materialismo.

En este manifiesto había una sección aparte dedicada a la visión rosacruz del futuro perfecto, acertadamente titulada "Utopía rosacruz". La orden exigía que el mundo se uniera como una entidad unificada y abrazara el humanismo y la espiritualidad. Para recibir el sello de aprobación rosacruz, todos los políticos tendrían que volverse humanitarios y comprometerse a mejorar la vida de la gente común. Los hombres de negocios, o "economistas", debían manejar las finanzas de cada nación. Los científicos ansían la lógica y el conocimiento, pero deben aplicar la misma devoción a la espiritualidad. Los médicos no sólo atender las necesidades físicas de sus pacientes, sino también cumplir sus ansias espirituales. La pobreza y la lucha serían obsoletas. La naturaleza debía ser el templo de la gente. La única forma de lograr la paz mundial, sostenían, era a través de "un gobierno mundial compuesto por líderes de todas las naciones, trabajando en beneficio de la humanidad".

Con el paso del tiempo, nuevas generaciones de rosacruces se dispusieron a modificar y hacer mejoras sutiles a los credos centenarios de la orden. Uno de esos cambios se hizo al emblema de la orden, la amada cruz rosa. Una nueva versión que ha aparecido en los últimos años se llama a sí misma "Rosa Cruz fálica modificada". Ésta muestra, como su nombre indica, una cruz, pero la plancha sobre la barra transversal de la cruz tiene bucles, que recuerdan una versión más equilibrada del símbolo del género femenino. Otra versión "convencionalizada" muestra un círculo fusionado en las 4 puntas de la cruz. Se dice que el símbolo mejorado representa la "dualidad sexual del universo manifestado", que significa el vínculo entre las fuerzas masculinas y femeninas de la naturaleza.

Los rosacruces más modernos lanzaron versiones abreviadas o alteradas de las doctrinas rosacruces. William Walker Atkinson, que fue conocido como "Magnus Incognito", fue uno de ellos. Su revelador libro, *La Doctrina Secreta de los Rosacruces,* voló de los estantes y fue atesorado por fieles rosacruces en todo Estados Unidos, sobre todo a principios del siglo XX. En este libro, los lectores pueden ver un patrón en el número "7", que claramente tiene cierta importancia para la orden. Hay 7 "Principios cósmicos", que los Rosacruces creían que controlaban el cosmos, incluido el "Principio de la ley y el orden", "El Principio de los ciclos" y "El Principio del sexo". Otros conjuntos de siete elementos están en los "7 planos de conciencia": el "Plano de elementos", el "Plano de los minerales", el "Plano de las plantas", etc.

Entre las maldiciones de la fama se cuentan las descabelladas teorías de conspiración que siguen a todo lo que es popular. Como suele ser el caso, muchos de los sospechosos acusados de ser Rosacruces son casualmente algunas de las más grandes celebridades. Aquéllos que se empeñan en encontrar, parecen poder encontrar el simbolismo rosacruz en casi todos los aspectos de la cultura clásica y popular.

Se dice que una de esas personas famosas fue nada menos que William Shakespeare. Frances Yates, autor de *The Occult Philosophy in the Elizabethan Age*, insistió que muchas de las obras maestras de Shakespeare, incluyendo *La Tempestad*, *El rey Lear* y *Hamlet* estaban inundadas de matices rosacruces y ocultistas. Se cita como prueba un monólogo que se encuentra en *La tempestad,* pronunciado por Próspero, "el legítimo duque de Milán". Próspero habla sobre su visión del futuro de la humanidad, que se produciría gracias a cierto tipo de iluminación que refleja muchos motivos rosacruces.

Algunos llegaron a sugerir que Shakespeare había sido un impostor. Una de las primeras imágenes del escritor había sido publicada en *The First Folio* en 1623, una colección de las obras de Shakespeare. La imagen en cuestión, conocida como el Retrato de Droeshout, ha sido analizada repetidamente a lo largo de los años. Los teóricos de la conspiración han señalado la cabeza inusualmente grande y la cara como de cera de Shakespeare; casi como si estuviera usando una máscara. Sin embargo, la mayoría de los historiadores descartan esto como una tontería y lo atribuyen al estilo personal del artista. Además, en una era antes de los *selfies* y las cámaras de alta definición, era difícil captar perfectamente el aspecto real de alguien.

El "Retrato Droeshout" de Shakespeare

En los Sonetos de Shakespeare, publicados 17 años después, se usó el mismo retrato, excepto que se trataba de una versión invertida, como en espejo, del Retrato Droeshout, con un guante y una ramita de acacia añadidos al retrato. Esto levantó las sospechas de muchos, ya que ambos son símbolos conocidos de la masonería. Esto ha llevado a algunos a creer que Shakespeare era un masón, o al menos que estaba bien familiarizado con una secta masónica de los Rosacruces.

Francis Bacon, como se mencionó anteriormente, es otro nombre que aparece frecuentemente en las conspiraciones acerca de los rosacruces. La conexión de Bacon con los rosacruces y los masones ha sido objeto de múltiples libros y obras de literatura a lo largo de los siglos. Entre las teorías más absurdas relacionadas con Bacon está la leyenda del escritor que finge su propia muerte. De acuerdo con esta teoría, en algún momento a principios del siglo XVII, Bacon había ido a la quiebra. El escritor en apuros tenía una deuda agobiante, que se había ido acumulando debido a los costos de toda la literatura que había estado generando para los rosacruces, masones y otras organizaciones secretas. En un intento por escapar de la deuda que colgaba sobre su cabeza, hizo que todos, incluida su propia familia, creyeran que había muerto de neumonía en 1626. Incluso se dijo que Bacon asistió a su propio funeral. Más tarde, usó varios disfraces y se anduvo moviendo por Francia, Polonia, Alemania y otras áreas de Europa. Gracias a sus conexiones con los Rosacruces, logró permanecer sin ser detectado durante décadas, y algunos afirmaron que vivió hasta los 109 años.

Las celebridades modernas no son inmunes a la paranoia Rosacruz. Los teóricos de la conspiración continúan azuzando al público a que analice a profundidad el simbolismo en películas, música y medios populares. Uno de estos ominosos símbolos rosacruces es la flecha, más precisamente con la punta apuntando hacia el sur, y otra variante del apreciado triángulo rosacruz. Un buen número de políticos y celebridades en innumerables fotografías supuestamente ostentan la flecha rosacruz. A menudo son captados posando con los brazos colgando frente a ellos, con los dedos unidos simbólicamente. Los teóricos de la conspiración han señalado al ex vicepresidente Dick Cheney; Hillary y Bill Clinton; y el actor de *Quantum Leap* Scott Bakula.

Otro nombre llamativo en la lista es el fallecido Elvis Presley, también uno de los favoritos de los teóricos de la conspiración. Algunos dicen que las pistas se encuentran en sus llamativos atuendos, que fueron diseñados no sólo para atraer audiencias, sino también para lavarles el cerebro con mensajes subliminales. Otros dicen que a Presley, que operaba de manera similar a los cienciólogos, se le había asignado el reclutamiento de las masas a la comunidad rosacruz. Las fotografías de Presley también están supuestamente inundadas de estos mensajes. En una imagen, se ve a Presley meciendo 2 cruces: la cruz de los Caballeros Templarios y la Rosa Cruz Fálica Modificada. Otras instantáneas muestran a Presley con ramilletes de rosas en sus abrigos. Algunos han sugerido que Presley también fingió su muerte. El hombre nunca habría muerto en el baño, sino escapado hacia el anonimato, y fue reemplazado por un impostor durante sus últimos años de vida. Los historiadores también han ignorado estas teorías, y simplemente culpan a sus creadores de negarse a aceptar que su ídolo aumentó de peso.

Varios fundadores de corporaciones gigantescas, muchas de ellas empresas automotrices, también son acusados de ser descendientes de la orden. Otro símbolo, esta vez con raíces rosacruces y egipcias antiguas, es el disco solar alado. Numerosas empresas parecen haber incorporado estos símbolos a sus logotipos. Las corporaciones culpables de este hecho incluyen a Bentley, Chrysler, Harley Davidson y Aston Martin.

Dicho esto, muchos creen que estas teorías de celebridades que respaldan la orden son más que erróneas; después de todo, los Rosacruces prosperaban en secreto, y nunca se arriesgarían a exponerse a sí mismos.

Una de las teorías más desconcertantes tiene que ver con la verdadera extensión del conocimiento de la orden. Algunos creían que la orden guardaba secretos que no sólo podían predecir el futuro, sino que podían acabar con la raza humana. Una de estas "verdades" supuestamente está en los archivos secretos de AMORC, supuestamente proporcionados por el Gran Maestro Rosacruz Christian Bernard. Se dice que Bernard había afirmado saber lo que realmente sucedió a la ciudad de Atlantis. Según la famosa leyenda, la Atlántida fue una vez una sociedad futurista y altamente sofisticada, y en esta comunidad vivía un grupo respetado de Sabios Supremos que poseían la forma más elevada de sabiduría iluminada. Los sabios habían identificado las "corrientes" y las fuentes de energía naturales del mundo, y construido varias estructuras sagradas que podían aprovechar la energía de dichas corrientes. Estas estructuras supuestamente mejoraban las cosechas y evitaban desastres naturales, y aún se pueden encontrar hoy en día: una de ellas es el famoso Stonehenge.

La primera pirámide del mundo también se construyó en la Atlántida, que luego se usó como el corazón y punto central de todas las fuerzas del universo. Cuando pirámides no autorizadas comenzaron a surgir por todo el mundo, las fuerzas del universo cambiaron y se produjo una catástrofe. El mundo se sacudió. Llovieron asteroides. Las estructuras se desmoronaron. Por desgracia, Atlantis fue tragada, y la ciudad nunca fue vista otra vez.

Como la cereza en el pastel de esta teoría, se dice que los sabios habían venido de otro planeta, enviados para llevar la civilización a la humanidad. Cuando la Atlántida desapareció, los sabios se establecieron en Egipto. Algunos regresaron a su planeta de origen, mientras que otros se quedaron y reanudaron su misión. Uno de los forasteros que eligió quedarse fue Christian Rosenkreutz, y el resto es historia, al menos según las teorías de la conspiración.

El auge de Internet solo ha alimentado teorías más ridículas. Dejando de lado las conspiraciones, también han salido a la luz historias de quienes dicen ser ex Rosacruces. *El prisionero de San José: Cómo escapé de Rosicrucian Mind Control*, publicado en marzo de 2008 por Pierre S. Freeman, es una memoria de sus experiencias con AMORC. Freeman afirmó que la orden empleó tácticas siniestras de control mental como una forma de asegurar la inquebrantable lealtad de sus seguidores. Tales tácticas incluían la inducción de trance, la hipnosis y otros métodos que causaban daños emocionales duraderos. En una carta abierta a Christian Bernard, Freeman condenó la orden por sus tácticas dañinas y sin escrúpulos, que incluían el uso de "poderes ocultos para asumir la conciencia de una víctima contra su voluntad" y "magia negra para controlar a los líderes mundiales", así como la práctica sin licencia. de Medicina.

Otro presunto miembro con una historia mucho más sombría se conoce sólo como "Alice". Alice envió su historia a un foro público y publicó detalles escandalosos sobre los miembros de su familia Rosacruz. Para empezar, no sólo estaban obsesionados con su carácter secreto, sino que oraban a un montón de brujas, magos y demonios. Peor aún, los miembros de su familia no solo eran "perdedores" que nunca lograron mucho en la vida, sino que también fueron acusados de cometer actos de incesto y abuso como un medio para obligar a sus familiares y amigos a entrar a la orden.

Falta mucho para que la mística de la orden se marchite. Pero, ¿acaso son los rosacruces reales? Y si lo son, ¿podrían ser una estafa? El editor de *Newsweek* James Ellis ha llamado a la orden una "falsa sociedad secreta." El mismo artículo afirma que la mayoría de los eruditos modernos están de acuerdo en que lo más probable es que la orden haya existido sólo en papel. Al día de hoy, sólo los manifiestos del siglo XVIII siguen siendo las únicas pistas comprobables de la existencia de la orden, y la mayor parte de su contenido está escrito en poéticas parábolas.

Cualquiera que sea el caso, queda claro que el legado rosacruz ha causado un efecto muy real en todo el mundo, que continúa vigente hasta la fecha.

Recursos en línea

Otros libros acerca de los Illuminati en Amazon

Otros libros sobre los rosacruces en Amazon

Bibliografía

1. Editors, AMORC. "The Ancient and Mystical Order Rosae Crucis ." Ancient Mystical Order Rosae Crucis. The Rosicrucian Order - English Grand Lodge for the Americas, 2017. Web. 30 Jan. 2017. <https://www.rosicrucian.org/history>.

2. Editors, Encyclopedia.Com. "Rosicrucians." Encyclopedia.Com. The Gale Group, Inc., 2001. Web. 30 Jan. 2017. <http://www.encyclopedia.com/philosophy-and-religion/other-religious-beliefs-and-general-terms/miscellaneous-religion-5>.

3. Editors, Watch Unto Prayer. " "CHRISTIAN ROSENCREUZ"." Watch Unto Prayer. Watch Unto Prayer, 2006. Web. 30 Jan. 2017. <http://watch-unto-prayer.org/TR-20-christian-rosencreuz.html>.

4. Merton, Reginald. "Christian Rosenkreutz." Alchemy Lab. Alchemy Lab, Ltd., 2016. Web. 30 Jan. 2017. <https://www.alchemylab.com/christian_rosenkreutz.htm#The%20Death%20of%20Rosenkreutz>.

5. Editors, The Art History Archive. "Art Movement or Art Cult?" The Art History Archive. The Art History Archive, 2015. Web. 30 Jan. 2017. <http://www.arthistoryarchive.com/arthistory/salondelarosecroix/arthistory_rosecroix.html>.

6. Swiderski, Adam. "5 Angels & Demons-like secret societies that really control your life." Syfy Wire. NBCUniversal, 14 Dec. 2012. Web. 30 Jan. 2017. <http://www.blastr.com/2009/05/5_angels_demons_like_secr.php>.

7. Edition, Newsweek Special. "SHADOWS IN THE SHADOWS: THE ROSICRUCIANS, A FAKE SECRET SOCIETY, HAD A REAL IMPACT ON THE WORLD." Newsweek Europe. Newsweek, Ltd., 20 Apr. 2015. Web. 30 Jan. 2017. <http://europe.newsweek.com/fake-secret-society-secret-society-323248?rm=eu>.

8. Editors, Biblioteca Pléyades. "The Rosicrucians and the Sign of An Arrow ." Biblioteca Pléyades - Library of Suppressed Knowledge. Biblioteca Pléyades, 2015. Web. 30 Jan. 2017. <http://www.bibliotecapleyades.net/sociopolitica/codex_magica/codex_magica20.htm>.

9.   Sisco, Eric V. "How To Recognize a Rosicrucian." Apotheosis. Blogspot, 21 June 2012. Web. 30 Jan. 2017. <http://eric-v-sisco.blogspot.tw/2012/06/how-to-recognize-rosicrucian.html>.

10.   Editors, Encyclopedia of the Unusual and Unexplained. "EGYPTIAN MYSTERY SCHOOLS." Encyclopedia of the Unusual and Unexplained . Advameg, Inc., 18 Aug. 2006. Web. 30 Jan. 2017. <http://www.unexplainedstuff.com/Religious-Phenomena/Egyptian-Mystery-Schools.html>.

11.   Karoglou, Kiki. "Mystery Cults in the Greek and Roman World." The Metropolitan Museum. The Metropolitan Museum of Art, Oct. 2013. Web. 30 Jan. 2017. <http://www.metmuseum.org/toah/hd/myst/hd_myst.htm>.

12. Editors, AWH. "Mystery Cults." Ancient World History. Blogspot, Feb. 2012. Web. 30 Jan. 2017. <http://earlyworldhistory.blogspot.tw/2012/02/mystery-cults.html>.

13.   Hoeller, Stephan A. "The Gnostic World View: A Brief Summary of Gnosticism." The Gnosis Archive. The Gnostic Society, 2011. Web. 30 Jan. 2017. <http://gnosis.org/gnintro.htm>.

14.   Livergood, Norman D. "The Higher Mysteries." The Hermes Press. AFS Analytics, 2005. Web. 30 Jan. 2017. <http://www.hermes-press.com/high_myst.htm>.

15.   Valencic, Ivan. "Has the Mystery of the Eleusinian Mysteries been solved?" The Psychedelic Library. Schaffer Library of Drug Policy, 1994. Web. 30 Jan. 2017. <http://www.druglibrary.org/schaffer/lsd/valencic.htm>.

16.   C, J. "A Brief History of Alchemy." University of Bristol School of Chemistry. WordPress, 2010. Web. 30 Jan. 2017. <http://www.chm.bris.ac.uk/webprojects2002/crabb/history.html>.

17.   Editors, The Kabbalah Centre. "WHAT IS KABBALAH?" The Kabbalah Centre. Kabbalah Centre International, 2016. Web. 30 Jan. 2017. <https://www.kabbalah.com/what-kabbalah>.

18.   Karas, Michael. "Hermes." Greek Mythology. Michael Karas, 2013. Web. 30 Jan. 2017. <http://www.greekmythology.com/Olympians/Hermes/hermes.html>.

19.   Mark, Joshua J. "Kykeon." Ancient History Encyclopedia. Ancient History Encyclopedia, Ltd., 2 Sept. 2009. Web. 30 Jan. 2017. <http://www.ancient.eu/Kykeon/>.

20.   Editors, USAS. "Pythagoras of Samos." University of St Andrews Scotland. University of St Andrews, Scotland, School of Mathematics and Statistics, Jan. 1999. Web. 31 Jan. 2017.

<http://www-groups.dcs.st-and.ac.uk/~history/Biographies/Pythagoras.html>.

21. Editors, History Channel. "The Italian Renaissance." History Channel. A&E Television Networks, LLC, 2015. Web. 31 Jan. 2017. <http://www.history.com/topics/italian-renaissance>.

22. Editors, About France. "The Renaissance in France - art and architecture in France in the sixteenth century." About France. About-France.com, Ltd., 2003. Web. 31 Jan. 2017. <http://about-france.com/art/french-renaissance.htm>.

23. Knight, Kevin. "Albigenses." New Advent. Immaculate Heart of Mary, 2012. Web. 31 Jan. 2017. <http://www.newadvent.org/cathen/01267e.htm>.

24. Editors, IAIS. "Astronomy ." Institute of Arabic and Islamic Studies: A Voice from the Main Stream Islam. Institute of Arabic and Islamic Studies, 2011. Web. 31 Jan. 2017. <http://www.ctr-islamic-stdy.com/astronomy.htm>.

25. George, Morten St. "On the Meaning of Damcar in Rosicrucian Mysticism." Ezine Articles. Ezine Articles, Ltd., 11 Sept. 2013. Web. 31 Jan. 2017. <http://ezinearticles.com/?On-the-Meaning-of-Damcar-in-Rosicrucian-Mysticism&id=7992894>.

26. Beattie, Tina. "Porete, a forgotten female voice." The Guardian. Guardian News and Media, Ltd., 7 June 2010. Web. 31 Jan. 2017. <https://www.theguardian.com/commentisfree/belief/2010/jun/07/marguerite-porete-mirror-simple-souls>.

27. Editors, Alchemy Website. "Maier - Laws of the Fraternity of the Rosy Cross." The Alchemy Website. Levity, Ltd., 2001. Web. 31 Jan. 2017. <http://www.levity.com/alchemy/maier_la.html>.

28. Editors, AMORC. "AMORC Home Study Lessons." Ancient Mystical Order Rosae Crucis. The Rosicrucian Order - English Grand Lodge for the Americas, 2015. Web. 31 Jan. 2017. <https://www.rosicrucian.org/home-study-lessons>.

29. Soror, EAS. "ALCHIMIA – THE DIVINE FEMININE OF THE CHEMICAL WEDDING OF CHRISTIAN ROSENKREUTZ." Order of the Rose and Cross. Order of the Rose and Cross, 2007. Web. 31 Jan. 2017. <http://order.rosy-cross.org/node/14>.

30. Stewart, Gary L. "Benedict Spinoza: Philosopher, Mystic, Rosicrucian." Confraternity of the Rose Cross. Confraternity of the Rose Cross, 1998. Web. 31 Jan. 2017. <http://www.crcsite.org/rosicrucian-library/contemporary-writings/benedict-spinoza/>.

31. Editors, Unexplained Stuff. "Alchemy." Unexplained Stuff. Advameg, Inc., 2008. Web. 31 Jan. 2017. <http://www.unexplainedstuff.com/Magic-and-Sorcery/Alchemy-Helvetius-1625-

709.html>.

32. "The Occult of Isaac Newton." Weekends in Paradelle. WordPress, 7 Aug. 2015. Web. 31 Jan. 2017. <https://paradelle.wordpress.com/2015/08/07/occult-newton/>.

33. Valentine, Jo-Ann. "OMCE and Its History." Vital Spark. RNK Studio, Inc., 2011. Web. 31 Jan. 2017. <http://www.mcs.ca/vitalspark/2020_schools/301-01omce.html>.

34. Editors, COHGRC. "THE HISTORY OF THE ROSICRUCIAN ORDER, CHRISTIAN ORDER OF THE HERMETIC GOLD AND ROSE CROSS." Christian Order of the Hermetic Gold and Rose Cross. The Rosicrucian Order, Order of the Hermetic Gold and Rose Cross, 2014. Web. 31 Jan. 2017. <http://rosecrossohgrc.com/the-order/history/>.

35. Nichols, Kimberly. "Symbolist Art and the French Occult Revival: The Esoteric-aesthetic vision of Sâr Péladan." Newtopia Magazine. WordPress, 1 Sept. 2014. Web. 31 Jan. 2017. <https://newtopiamagazine.wordpress.com/2014/09/01/symbolist-art-and-the-french-occult-revival-the-esoteric-aesthetic-vision-of-sar-Péladan/>.

36. Editors, AMORC. "Rosicrucian Park." Ancient Mystical Order Rosae Crucis. The Rosicrucian Order - English Grand Lodge for the Americas, 2015. Web. 31 Jan. 2017. <https://www.rosicrucian.org/rosicrucian-park>.

37. Editors, AMORC. "Texts and Publications ." Ancient Mystical Order Rosae Crucis. The Rosicrucian Order - English Grand Lodge for the Americas, 2015. Web. 31 Jan. 2017. <https://www.rosicrucian.org/texts>.

38. Editors, AMORC. "A Bridge Into Another Dimension of Life." Ancient Mystical Order Rosae Crucis. The Rosicrucian Order - English Grand Lodge for the Americas, 2015. Web. 31 Jan. 2017.

39. Freeman, Pierre S. "AN OPEN LETTER TO CHRISTIAN BERNARD, VENERATED IMPERATOR OF THE ROSICRUCIAN ORDER AMORC." The Prisoner of AMORC. Pierre S. Freeman, 2009. Web. 1 Feb. 2017. <http://initiationamorc.com/>.

40. Editors, Message to Eagle. "Rosicrucians' Secret Knowledge Of Extraterrestrial Visitations." Message to Eagle. Message to Eagle, Ltd., 30 Jan. 2015. Web. 1 Feb. 2017. <http://www.messagetoeagle.com/rosicrucians-secret-knowledge-of-extraterrestrial-visitations/>.

41. Editors, Aftermath News. "Author claims 24 years of mind-control by Rosicrucian cult." Aftermath News. WordPress, 25 Mar. 2008. Web. 1 Feb. 2017. <https://aftermathnews.wordpress.com/2008/03/25/author-claims-24-years-of-mind-control-by-rosicrucian-cult/>.

42. My, Alice. "I am ex-Rosicrucian." Resisting the New World Order - Forum. Ning, Inc., 27 Dec. 2011. Web. 1 Feb. 2017. <http://12160.info/profiles/blogs/i-am-ex-rosicrucian>.

43. Editors, The Vigilant Citizen. "Occult Symbols in Corporate Logos." The Vigilant Citizen. The Vigilant Citizen, Ltd., 19 May 2009. Web. 1 Feb. 2017. <http://vigilantcitizen.com/vigilantreport/occult-symbols-in-corporate-logos-pt-1/>.

44. Editors, Illuminati News. "Elvis and the occult references on his jewelry, jumpsuits and book collection." Illuminati News. MSN Groups, 2004. Web. 1 Feb. 2017. <http://www.illuminati-news.com/0/ElvisRosicrucian.htm>.

45. Gordon, Helen. "Rosicrucian Freemason Symbols in Shakespeare." Academia Edu. Academia Edu, 2 Feb. 2014. Web. 1 Feb. 2017. <http://www.academia.edu/5935180/Rosicrucian_Freemason_Symbols_in_Shakespeare>.

46. Editors, Spiritual Riches. "Rosicrucian Hermetics from Magus Incognito." Spiritual Riches. WordPress, 9 Jan. 2009. Web. 1 Feb. 2017. <https://spiritualriches.wordpress.com/article/rosicrucian-hermetics-from-magus-28j2j952x0thj-28/>.

47. AMORC. "Rosicrucian Utopia." Adobe Acrobat Reader. Adobe Systems, Inc., 2015. Web. 1 Feb. 2017. <https://51dfe7d861b7ba94af5e-14cee6607d0a8a012f7e4ba696f24ff7.ssl.cf5.rackcdn.com/02_utopia.pdf>.

48. Carlisle, Grover. The Esoteric Codex: Rosicrucianism. Np: Lulu.com, 2015. Print.

49. Hoddap, Christopher, and Alice Von Kannon. Conspiracy Theories and Secret Societies For Dummies. Np: For Dummies, 2008. Print.

50. Unknown. The Key Texts of the Rosicrucians. Np: Lulu.Com, 2016. Print.

51. Blavatsky, Helena Petrovna. Isis Unveiled: A Master-Key to the Mysteries of Ancient and Modern Science and Theology . Np: Theosophy Company, 1931. Print.

52. Rist, Rebecca, Catherine Léglu, and Claire Taylor, eds. The Cathars and the Albigensian Crusade: A Sourcebook. Np: Routledge, 2013. Print.

53. Lewis, Harvey Spencer. Rosicrucian Manual. Np: Martino Fine , 2015. Print.

54. Atkinson, William Walker. The Secret Doctrines of the Rosicrucians. Np: E-artnow, 2016. Print.

55. Short History and Introduction to the Rosicrucians. YouTube. Np, nd Web. 2 Feb. 2017. <https://www.youtube.com/watch?v=r9_bgWVhP94>.

56. Rosicrucians & Secret Knowledge Of Creators of Human Race. YouTube. Np, nd Web. 2 Feb. 2017. <https://www.youtube.com/watch?v=IGAJrx1JLqQ>.

Libros gartuitos de Charles River Editors

Contamos con nuevos títulos gratuitos la mayor parte de la semana. Para ver cuáles de nuestros títulos se ofrecen actualmente sin costo, hacer click en este enlace.

Libros en oferta de Charles River Editors

Contamos con títulos a precio de descuento de 99 centavos todos los días. Para ver cuáles títulos están actualmente a precio de descuento, hacer <u>click en este enlace</u>.

Made in United States
Orlando, FL
12 January 2022